# PRE-CIERRES

# PARA REDES DE MERCADEO

## Decisiones de "Sí" Antes de la Presentación

KEITH Y TOM "BIG AL" SCHREITER

*Pre-Cierres para Redes de Mercadeo*
© 2019 by Keith & Tom "Big Al" Schreiter

Publicado por Fortune Network Publishing

PO Box 890084
Houston, TX 77289 Estados Unidos
Teléfono: +1 (281) 280-9800

BigAlBooks.com

ISBN-10: 1-948197-25-1

ISBN-13: 978-1-948197-25-0

# CONTENIDOS

Viajo por el mundo más de 240 días al año.
Envíame un correo si quisieras que hiciera
un taller "en vivo" en tu área.

→ BigAISeminars.com ←

# ¡OBSEQUIO GRATIS!
## ¡Descarga ya tu libro gratuito!

Perfecto para nuevos distribuidores. Perfecto para distribuidores actuales que quieren aprender más.

→ BigAIBooks.com/freespanish ←

Otros geniales libros de Big Al están disponibles en:

→ BigAIBooks.com/spanish ←

# PREFACIO

Debería ser muy obvio, pero no lo es.

Tuve una comida con una mujer en Romania. Ella se quejaba: –Nadie de mi pequeña ciudad se quiere unir. Todos dicen que es una pirámide, que no quieren vender, que es demasiado bueno para ser verdad, y que no tienen tiempo. ¿Qué tengo que hacer?–

Le pregunté: –¿Y qué es lo que dijiste cuando los conociste?–

Ella dijo: –Tengo una fabulosa oportunidad de negocio. ¡Puedes ganar $25,000 al mes!–

Le pregunté: –¿Esto es lo que le dices a todos? ¿Así es como iniciaste la conversación?–

Ella dijo: –Sí. Cada vez que hablo con prospectos, así es como inicio las conversaciones.–

No me pude resistir. Tuve que sonreír y decir: –Déjame repasar. Tú le dices a cada prospecto, 'Tengo una fabulosa oportunidad de negocio. ¡Puedes ganar $25,000 al mes!' Y tus prospectos te dicen que no están interesados, ¿correcto? Y, ¿por qué no dices… algo diferente?–

## Sí, eso debería ser obvio.

Nuestros prospectos reaccionan ante lo que decimos y hacemos.

¿No te gustan sus reacciones? Todo lo que debemos de hacer es decir algo diferente.

Por ejemplo, la mujer en Romania podía cambiar sus primeras palabras y decir algo como:

- "Las cosas están muy caras hoy en día."
- "Seguro que sería divertido despedir a nuestro jefe."
- "Todos necesitamos dinero extra."
- "No tenemos que trabajar duro por el resto de nuestras vidas."
- "Trabajar desde casa sería más fácil que trasladarnos al trabajo."

¿Piensas que sus prospectos reaccionarían de manera más positiva a estas frases de apertura? Por supuesto.

Cambiar las primeras palabras de nuestra conversación conseguiría una reacción diferente de parte de nuestros prospectos.

Así que, si nuestros prospectos son negativos, podemos arreglar esto al cambiar lo que decimos y lo que hacemos.

Ah, pero aquí está el problema. No sabemos qué decir diferente.

Y esa es la razón para este libro.

# ¿PRE-CIERRES?

Piensa en un pre-cierre como las pocas oraciones o frases que decimos inicialmente en nuestras conversaciones con los prospectos. Todo esto ocurre antes de nuestra presentación oficial. Estas palabras preparan a nuestros prospectos para pensar, "¡Sí, esto es lo que quiero!"

Con los pre-cierres, el final de nuestra presentación se siente más natural. No se necesitan cierres rudos. No más súplicas. No más presión. Los pre-cierres hacen que el final de nuestras conversaciones sean más fáciles para nosotros y para nuestros prospectos.

## ¿Por qué usar pre-cierres?

Por que nuestros prospectos toman decisiones rápidamente. Una de las primeras decisiones que nuestros prospectos harán es:

"¿Debo creer en lo que dices? ¿O debo resistir y dudar de todo lo que dices?"

Esto sucede de inmediato.

Aquí está la realidad. Le decimos a nuestros prospectos: –Ven conmigo a esta presentación de una oportunidad de negocio.– Nuestros prospectos piensan y recuerdan la última vez que escucharon esa frase. Piensan, "¡Oh no! Fui a casa de mi amigo y un tipo dio una presentación de negocio de 3 horas. Luego, me presionaron para comprar unos productos caros que no quería."

Nuestros prospectos toman la decisión de "no" basados en sus experiencias pasadas.

¿Pre-cierres? Son buena idea. Debido a que queremos prospectos con mentes abiertas que escucharán lo que estamos ofreciendo. Queremos que tomen la decisión de apagar sus alarmas contra vendedores y escuchar.

El líder de redes de mercadeo Wes Linden dice, "Nuestro trabajo no es cerrar personas, nuestro trabajo es abrirlas."

Y la venta puede no ser inmediata. Patricia Fripp lo dice de otra manera, "Para construir una empresa exitosa a largo plazo, cuando no cierres una venta, abre una relación."

## Nuestros prospectos tomarán decisiones antes, durante y después de nuestra presentación.

Cerrar no sucede una vez al final de nuestras presentaciones. Como pronto lo veremos, ¡la mayoría de las decisiones ocurren antes de que nuestra presentación comience!

Enfócate en esto: "Pre-cierres. Obtener desiciones positivas antes de la presentación. Obtener acuerdos durante la presentación. Obtener compromisos de compra o afiliación al final de la presentación."

Cerrar es lo que hacemos como vendedores. Nuestro trabajo es hacer que nuestros prospectos tomen decisiones.

Entonces veamos algunas maneras de hacer que nuestros prospectos:

1. Tomen decisiones instantáneas de "sí."

2. Decidan escuchar con una mente abierta.

3. Creer las cosas buenas que decimos.

4. Apagar las alarmas contra vendedores.

## ¿Quieres una pequeña muestra? ¿Algunos ejemplos de preguntas de apertura divertidas que nos ayudan a cerrar previamente a nuestros prospectos?

Para mantener las cosas simples, todos estos ejemplos son para nuestra oportunidad de negocio. Cada ejemplo puede ser modificado para los productos o servicios que ofrecemos.

* "¿Estaría bien si comparto un poco más sobre nuestro negocio, mientras te doy algunas ideas de cómo puedes usar el dinero extra?"

Esta pequeña pregunta hace que las personas imaginen cómo podrían gastar su dinero extra. Esto coloca a los prospectos en un estado mental positivo mientras explicamos nuestro negocio. Piensa en ello. ¿Queremos que nuestros prospectos estén en un estado mental positivo o en un estado mental negativo cuando les presentamos nuestro negocio? En uno positivo, por supuesto.

Otro factor entra a esta conversación. Para imaginar dónde gastar el dinero, la mente subconsciente del prospecto toma la decisión de unirse al negocio. Si no, este sueño no tendría mucho sentido. Así que por lo pronto, nuestro prospecto inmediatamente está en el estado mental de que nuestro negocio sería bueno para él.

* "¿Te gustaría saber cómo pude guardar un montón de dinero?"

Todos querrán saber de esto. Podemos describir cómo tomamos nuestros cheques de bonificaciones mensuales y los ahorramos o invertimos con el tiempo. Nuestra explicación tomaría sólo unas pocas frases. Pero una vez más, nuestros prospectos se sienten bien sobre sus posibilidades. Ven esperanza.

* "Quedarnos aquí en el trabajo hasta morir, sin cambiar nada, es un plan. Pero no siento que sea un buen plan para mí. ¿Qué tal tú?"

Esta pregunta es un poco agresiva, pero puede ser apropiada con los prospectos con los que tenemos una buena relación. Nuestros prospectos pueden estar en un bache en su vida. Esta pregunta podría sacudir a nuestros prospectos para que observen su plan de vida.

No hay nada para estar en desacuerdo en esta afirmación. Nosotros sólo mencionamos que permanecer en el trabajo es "un" plan. No que sea el único plan. Cualquiera podría estar de acuerdo con esta afirmación.

* "¿Por qué crees que un ingreso extra sería una buena idea?"

Cuando nuestros prospectos responden a esta pregunta, compran la idea de querer un ingreso extra. ¿Y quién es el mejor vendedor para nuestros prospectos? Ellos mismos. Se pueden vender que esta es su propia idea. Se convencerán a ellos mismos a decir "sí" a un ingreso extra.

* "Entonces, ¿piensas que seguir con tu plan actual, trabajando en tu empleo, va a ser la respuesta?"

Por supuesto que el plan actual no está funcionando. Si el plan actual de nuestros prospectos funcionara, no estarían hablando con nosotros. El prospecto responde, "No, el plan actual no está funcionando." Ahora abren sus mentes, y buscan una nueva solución. Nosotros deberíamos de ser esa solución.

* "¿A quién piensas que le importará cuánto dinero hay en nuestra cuenta de ahorro dentro de diez años?"

Di esto y espera. No rompas el silencio. Permite que tus prospectos mentalmente vean qué tan pocas personas se preocupan por su situación. Esto ayuda a nuestros prospectos a superar la objeción de "Me preocupa lo que los demás piensen de mí," que los fastidia en sus mentes.

* "¿Durante cuánto tiempo recibirás un salario después de que dejes tu trabajo? ¿Tu compañía seguirá beneficiándose de tu esfuerzo después de que te vayas?"

El ingreso residual es difícil de comprender para los prospectos. Sí, suena muy bien, pero no luce real. Nuestros prospectos piensan, "Cuando dejo de trabajar, mi salario se termina, ¡inmediatamente!"

Ahora podemos ayudar a nuestros prospectos a ver las cosas desde una nueva perspectiva totalmente. Queremos que piensen, "Sí, quiero hacer un buen trabajo ahora, y recibir pagos una y otra vez." Este es un estado mental genial para nuestros prospectos cuando comenzamos nuestra presentación.

Estas pequeñas frases de apertura son divertidas. Hacer cierres previos es poderoso. Pero además resolvemos otros problemas también. Veamos uno de estos problemas.

## Dile a nuestro prospecto que está bien decir "no" a nuestra oferta.

Tal vez los miembros de nuestro equipo están teniendo problemas con prospectos que dicen, "Quiero pensarlo." Pero, ¿cuándo es el mejor momento para evitar que esto ocurra? Al comienzo de nuestra presentación. Podemos enseñar a nuestro equipo a decir una afirmación de pre-cierre antes de que expliquen el producto, el servicio o la oportunidad. Por ejemplo, podrían decir,

"Te mostraré nuestro negocio, pero totalmente depende de ti. Después de que te muestre nuestro negocio, puedes decidir no participar, y seguir con las cosas como están en tu vida. O, puedes decidir comenzar ahora, y empezar la cuenta regresiva para despedir a tu jefe. ¿Suena bien?

¿Qué es lo que nuestros prospectos naturalmente dirán ante este ofrecimiento? "Está bien."

Esto relaja a los prospectos, pero también les dice que deberían de tomar una decisión cuando terminemos. Y, que la decisión de "Necesito pensarlo" es una decisión de "no." Ahora los prospectos lo saben.

Esto se pone aún mejor. Debido a nuestra frase de apertura, nuestros prospectos no se sienten presionados. Le dimos a nuestros prospectos permiso de rechazar nuestra presentación o nuestra oferta. Los prospectos ahora se podrán enfocar en nuestra presentación y en cómo les podría ayudar.

¿Qué tal si no relajamos a nuestros prospectos con este tipo de lenguaje?

Entonces nuestros prospectos estarán buscando objeciones. ¿Por qué? Por que nuestros prospectos sienten que necesitan objeciones para justificar su decisión de "no." Nuestros prospectos se estarán preparando para una batalla contra nosotros al finalizar nuestra presentación.

## ¿Quieres otra simple manera de remover la objeción de "Necesito pensarlo"?

A los prospectos no les gusta tomar decisiones. Tienen miedo de tomar una decisión equivocada. ¿Entonces qué hacen?

Fingen que retrasan la decisión al decir que necesitan pensarlo. Todo lo que debemos de hacer es decirle a los prospectos:

"Puedes tomar la decisión de comenzar hoy, o puedes tomar la decisión de no comenzar hoy y mantener tu vida exactamente como es hasta el momento."

Esto le ayuda a los prospectos a darse cuenta de que siempre se toma una decisión. Retrasar la decisión es sólo otra manera de decir "no" ante nuestra oferta.

Podemos mejorar el efecto de esto aún más al recordarle a nuestros prospectos de sus problemas.

Por ejemplo, podríamos agregar:

"Sufrir a diario en un empleo que odiamos es malo, especialmente si tomamos la decisión de continuar haciéndolo por meses o años antes de que hagamos algo al respecto."

## Los pre-cierres hacen que los cierres sean fáciles.

Hay muchas maneras de cerrar previamente a los prospectos. Habrá por lo menos una manera que nos encante. No tenemos que usar todas las maneras de pre-cierres que aprenderemos en este libro, pero deberíamos usar algunas.

¿Por qué? Por que funcionan.

Construyamos nuestro negocio de redes de mercadeo más rápido usando habilidades de pre-cierre cuando hablemos con nuestros prospectos.

# "VAMOS A SOLUCIONARLO."

Aprendamos otra rápida técnica de pre-cierre ahora. ¿Eres un poco tímido? ¿Odias sentir que estás presionando demasiado? Prueba esta simple frase: "Vamos a solucionarlo."

Digamos que vendes servicios básicos. Aquí está un ejemplo de una conversación que cierra previamente a los prospectos, antes de que la presentación comience:

Distribuidor: –¿Recibes una factura de electricidad?–

Prospecto: –Sí.–

Distribuidor: –¿Te gustaría que te enviaran una factura menor?–

Prospecto: –Seguro.–

Distribuidor: –Muy bien. Sentémonos y vamos a solucionarlo.–

Listo.

## Esta conversación fue al punto... inmediatamente.

La mayoría de las personas está contenta de tomar una rápida decisión de "sí" o "no." Quieren invertir su tiempo limitado y valioso poder cerebral en otras tareas. Quieren que vayamos al punto para poder tomar una decisión inmediata.

¿Quieres más ejemplos?

Distribuidor: –¿Quieres perder 5 kilos en las siguientes dos semanas?–

Prospecto: –Sí.–

Distribuidor: –¿Estaría bien si todo lo que tuvieras que hacer es cambiar lo que desayunas?–

Prospecto: –Seguro.–

Distribuidor: –Muy bien. Sentémonos y vamos a solucionarlo.–

\*\*\*

Distribuidor: –¿Quieres dejar de conducir a diario al trabajo que odias?–

Prospecto: –Sí–

Distribuidor: –¿Estaría bien si comenzamos nuestro propio negocio ahora, para que el próximo año puedas trabajar desde tu casa?–

Prospecto: –Seguro.–

Distribuidor: –Muy bien. Sentémonos y vamos a solucionarlo.–

***

Distribuidor: –¿Encuentras difícil salir adelante con un solo cheque?–

Prospecto: –Sí.–

Distribuidor: –¿Estaría bien si comenzamos nuestro propio negocio ahora, para que en 60 días puedas tener dos cheques en lugar de uno?–

Prospecto: –Seguro.–

Distribuidor: –Muy bien. Sentémonos y vamos a solucionarlo.–

***

Distribuidor: –¿Quieres mantener ese trabajo que odias por el resto de tu vida?–

Prospecto: –No.–

Distribuidor: –¿Estaría bien si comenzamos tu negocio esta noche para que puedas empezar tu entrenamiento esta semana?–

Prospecto: –Seguro.–

Distribuidor: –Muy bien. Sentémonos y vamos a solucionarlo.–

***

Distribuidor: –¿Quieres evitar que tu piel se arrugue mientras duermes?–

Prospecto: –Sí, por supuesto.–

Distribuidor: –¿Estaría bien si pruebas nuestra crema nocturna especial por 30 días para ver la gran diferencia que hace?–

Prospecto: –Seguro.–

Distribuidor: –Muy bien. Sentémonos y vamos a solucionarlo.–

***

Distribuidor: –¿Se te complica cubrir tus gastos con un solo cheque?–

Prospecto: –Sí, por supuesto.–

Distribuidor: –¿Estaría bien si comemos con un amigo mío, para platicar cómo puedes ganar un cheque extra también?–

Prospecto: –Seguro.–

Distribuidor: –Muy bien. Reunámonos y vamos a solucionarlo.–

\*\*\*

Distribuidor: –¿Quieres ser tu propio jefe, en lugar de trabajar bajo el horario de alguien más?–

Prospecto: –Sí.–

Distribuidor: –¿Estaría bien si nos asociamos en un negocio de medio tiempo que estoy comenzando? Sería divertido trabajar juntos.

Prospecto: –Seguro.–

Distribuidor: –Muy bien. Sentémonos y vamos a solucionarlo.–

¿Todas las conversaciones son así de fáciles? No. Pero muchas lo son. La mayoría de los prospectos toman una decisión rápido y continúan con sus vidas. Démosles esa opción.

Pero qué tal si quieren más detalles? ¡Genial! Significa que ya han tomado una decisión de "sí" en sus mentes. Si su respuesta fuera "no," no estarían pidiendo que los torturemos con información adicional.

## ¿"Vamos a solucionarlo" es la única frase que podemos utilizar?

Por supuesto que no. Probemos con otros ejemplos usando palabras ligeramente diferentes.

\*\*\*

Distribuidor: –¿Tienes electricidad en tu casa?–

Prospecto: –Por supuesto que sí.–

Distribuidor: –¿Estaría bien si ten enviaran una factura más baja?–

Prospecto: –Eso sería genial.–

Distribuidor: –Déjame arreglarlo por ti.–

\*\*\*

Distribuidor: –¿Alguna vez has notado que envejecer realmente duele?–

Prospecto: –¡Lo noto todas los días!–

Distribuidor: –¿Estaría bien si pudieras sentirte más joven bebiendo un trago de esto por las mañanas?–

Prospecto: –Si es todo lo que hay que hacer, seguro.–

Distribuidor: –Déjame ordenar unas botellas para ti.–

\*\*\*

Distribuidor: –Esperar al tren bajo la lluvia congelada es miserable.–

Prospecto: –Estoy completamente de acuerdo.–

Distribuidor: –¿Deberíamos hacer un plan de escape de nuestros trabajos?–

Prospecto: –Me gustaría pero no sé dónde empezar.–

Distribuidor: –Vamos a tomar un café con un amigo mío el sábado. Tiene algunas ideas.

\*\*\*

## Los pre-cierres son magia.

Pregunta a cualquier prospecto, "¿Quieres una presentación larga o una presentación corta?"

¿Su respuesta? "Por favor dame una presentación corta... ¡ahora mismo!"

Sólo le toma a los prospectos unas pocas frases para decidir si quieren unirse o no. Es lo mismo con los clientes. Sabrán inmediatamente si quieren comprar nuestra oferta o no.

Recortamos nuestra oferta a sólo los básicos y todos están felices. Cuando simplificamos nuestra oferta, simplificamos la decisión para nuestros prospectos.

# ESTAMOS EN EL "NEGOCIO DE LOS CIERRES."

¿Cuál es la descripción de nuestro trabajo como empresarios de redes de mercadeo?

Hacer que nuestros prospectos tomen la decisión de comprar nuestros productos y servicios, o de unirse a nuestro negocio. Eso es todo.

No estamos en el negocio de la educación. Nuestras compañías no nos pagan para educar a las personas que no compran o no se unen.

No estamos en el negocio de las presentaciones. No ganamos comisiones por los prospectos que no compran ni se unen.

No nos pagan por hacer listas de prospectos, hacer llamadas para acordar citas, enviar videos a desconocidos, hacer que nuestros parientes escuchen audios, cuidar y compartir, leer folletos a prospectos aburridos como si fuesen analfabetas, o repartir muestras hasta quedar en la quiebra.

Por lo único que nos pagan es por... conseguir decisiones de "sí" por parte de nuestros prospectos.

Hasta que aceptemos esta realidad, desperdiciaremos horas haciendo actividades que no conducen a decisiones de "sí."

## Está bien, esto tiene sentido.

Si hacemos que las personas tomen decisiones de "sí," recibimos un pago.

Eso resume nuestra carrera.

Pero la pregunta que realmente debería de estar en nuestra mente sería, "¿Cómo toman sus decisiones los prospectos?" La respuesta a esta pregunta podría ser el descubrimiento más fascinante de nuestra carrera.

Comprender el "cómo y por qué" los prospectos hacen sus decisiones es más importante que leer libros de entrenamiento por el resto de nuestra carrera.

Comencemos.

### #1. ¿Por qué las personas detestan vender?

Por que creen en el modelo de ventas de 1960 de presionar a las demás personas con productos y servicios.

El viejo modelo funcionaba así:

Hacer llamadas en frío. Muchas llamadas. Tratar de venderle a quien sea y a cualquiera que nos escuche. Y si obtenemos una cita, descargar sobre el prospecto todo lo que sabemos sobre nuestro producto o servicio. Vende, vende, vende.

Después de que ponemos a nuestros prospectos en sumisión, entonces vamos por el cierre. Usamos cierres de prueba, cierres duros, cualquier cierre que humille a nuestros prospectos para que nos compren. ¿Y si no compran inmediatamente? Entonces hacemos seguimiento. Acosamos a nuestros prospectos hasta que, ¡compren o mueran!

¿Suena divertido? Por supuesto que no. Nadie quiere vender así. Aún así, muchas personas el día de hoy siguen usando esta anticuada manera de vender. Así no es como los prospectos compran, de todas formas. No está en sintonía con el proceso de compra.

¿Nos gustaría que nos vendieran de este modo? Así no es como compramos, ¿o sí?

Esto explica los rechazos en las llamadas, el temor de los prospectos, y el por qué las personas no se unen a nuestro negocio.

Pero hay una nueva manera de vender. Es una manera de vender que está en sintonía con cómo los prospectos quieren comprar. Una vez que la adoptamos, todo se facilita.

Así que pregúntate, "¿Quiero continuar usando prácticas de venta de 1960, o sería más divertido si hablara con prospectos de manera que quieran comprar?"

## Aquí está la historia corta.

Los prospectos quieren conocer la perspectiva completa primero. Pueden tomar una decisión inmediatamente, basados en los programas almacenados en sus mentes. Si la respuesta es "sí," entonces, y sólo entonces, debemos comenzar con una presentación.

Sí, en los primeros 20 segundos sabemos si queremos algo o no.

Si esto luce extraño, es por que estamos atascados en la mentalidad de 1960. Nada bueno.

Si esto parece razonable –que nuestros prospectos puedan tomar su decisión final dentro de los primeros 20 segundos– entonces estamos en sintonía con nuestros prospectos. No más presentaciones hasta que nuestro prospecto tome una decisión de "sí."

¿Quieres más ejemplos de esta nueva, más humana forma de vender?

\*\*\*

Distribuidor: –Le ayudo a las familias a ganar un cheque extra. ¿Te gustaría saber más?–

Prospecto: –Sí. Dime más.– (Sí, me gustaría tener un cheque extra. Dame algunos detalles para respaldar mi ansiosa decisión de "sí.")

\*\*\*

Distribuidor: –Le muestro a las familia cómo recibir facturas más bajas por sus servicios para que tengan más dinero para otras cosas. ¿Esto sería útil para ti?–

Prospecto: –Sí. Dime más.– (Sí, ya me vendiste. Dame más detalles.)

\*\*\*

Distribuidor: –Comercializo una bebida de proteína para el desayuno que te ayuda a perder peso de una vez, y mantenerlo fuera para siempre. ¿Es algo que te suena interesante?–

Prospecto: –Sí. Dime más.– (Quiero perder peso. ¡Probaré lo que sea!)

\*\*\*

## Espera un minuto. ¡Esto no luce bien!

Se siente algo extraño, ¿no es así? ¿Por qué las personas tomarían mentalmente decisiones instantáneas de "sí" antes de escuchar los detalles? Esto va en contra de nuestras creencias sobre cómo las personas toman decisiones.

Pero es "lo que no sabemos" lo que nos detiene. Si continuamos operando con lo que sabemos, entonces nuestros resultados seguirán iguales. Queremos resultados diferentes. Así que tendremos que explorar y encontrar "lo que no sabemos" para sacar adelante a nuestras carreras.

¿Hay alguna vergüenza por no saber cómo hacer un negocio cuando comenzamos? Por supuesto que no. La única vergüenza está en unirnos a una nueva profesión, y rechazar aprender las nuevas habilidades que la profesión requiere.

## #2. Vamos al cine.

Nuestro amigo viene a casa y dice: –Vamos al cine. La nueva película de Disney se estrena hoy.–

Conducimos al cine. Después de hacer fila por varios minutos, compramos nuestras costosas entradas. Una vez dentro, vemos la dulcería con "precios de mayoreo." Así que invertimos en algunas palomitas con mantequilla extra, una soda gigante, nachos, y algunas barras de chocolate para mantenernos durante la película.

Tomamos nuestros asientos, e inmediatamente la pantalla comienza a mostrarnos, ¡comerciales! Así es, pagamos entradas y golosinas costosas, y ahora están tratando de vendernos más cosas con sus comerciales.

Después de 15 minutos de comerciales, estamos al borde de una revuelta. Pero afortunadamente, comienzan a mostrarnos los cortos de las próximas películas que se exhibirán. Las nuevas películas lucen emocionantes. El sonido envolvente hace que nos duelan los tímpanos. Sin embargo, disfrutamos la acción en la pantalla.

Finalmente, la nueva película de Disney comienza. Por los próximos 90 minutos somos arrastrados a un mundo de fantasía. Nos encantan las películas.

Cuando la película termina, los créditos aparecen en la pantalla. Nos dicen quién fue el productor de la película, quién fue el director, quién hizo la iluminación, quién preparó los sándwiches para el equipo de filmación, las locaciones donde se rodó, los nombres de los actores famosos y los no tan famosos, el año en que se publicó, que Disney posee todos los derechos, y mucha más información que no nos interesa.

Ahora, aquí está la pregunta.

Tenemos una línea del tiempo desde que nuestro amigo llegó a nuestra casa hasta los créditos bajando por la pantalla al finalizar la película. Pensemos en esto.

"¿En qué momento durante esta línea del tiempo, entre que nuestro amigo llegó y el final de la película, tomamos nuestra decisión final de ver la película?"

Y la respuesta es... ¡inmediatamente!

Tomamos nuestra decisión final de ir al cine a ver la película antes de comprar nuestras entradas, y antes de ver la película. Todos los detalles e información ocurrieron después de que tomamos la decisión de ver la película. De hecho, la mayoría de los detalles e información sobre la película, ¡sucedieron después de que vimos la película!

### #3. Las mujeres odian esto.

El marido se relaja para ver televisión. Toma su herramienta favorita, el control remoto. ¿Y qué sucede después?

Click. Click. Click... y cientos de clicks. El esposo sin pensarlo revisa cada uno de los canales en busca de algo que quiera ver.

¿Cuánto tiempo le toma al esposo hacer una decisión para cada canal? Menos de un segundo.

El hombre toma su decisión final sin datos, sin información. El hombre no mira el programa completo. Decide en menos de dos segundos si ese programa le interesa o no.

Pensamos, "Hey, eso no es justo. Él necesita saber más. Necesita mirar más tiempo ese canal." Bien, puede no ser justo, pero así es como funciona.

El hombre tiene un mecanismo interno en su cerebro que automáticamente toma la decisión final sobre cada canal, y ese mecanismo funciona en segundos. No necesita datos.

Nuestros prospectos usan este mismo mecanismo para tomar su decisión final sobre nuestro negocio. No toman su decisión basados en datos o información. Así que, por favor, no vayamos a irritar a nuestros prospectos con datos e información cuando estamos buscando que tomen una decisión. Eso sería rudo.

Guardemos nuestros videos y folletos de presentación para más adelante, después de que hayan tomado su decisión. Serán herramientas excelentes de entrenamiento si nuestros prospectos deciden unirse o comprar.

## ¡Vaya!

Así que hagámonos esta pregunta, "¿Cuándo es que las personas toman su decisión final? ¿Después de que la información sucede, o antes?"

Parece que... ¡antes de la información!

Auch. Esto cambia nuestras creencias sobre las decisiones.

Nuestra observación muestra que la información no es parte del criterio de nuestros prospectos para tomar decisiones. La información ocurre después de la decisión final de nuestro prospecto. Y la decisión de "sí" o "no" sucede... ¿¿¿instantáneamente???

## Un nuevo punto de vista.

Deberíamos sentirnos un poco incómodos en este momento. Así no es como pensábamos que los prospectos toman sus decisiones.

Decisiones instantáneas basadas en cero información significan... ¡oh mi cielo! Mi perfectamente ensayada presentación puede no ser tan importante como pensé que era. De hecho, puede ser insignificante en nuestra búsqueda de decisiones por parte de los prospectos.

## ¿Difícil de creer?

Podemos dudar de la ciencia cerebral. Podemos tener escepticismo sobre toda investigación psicológica. Pero es difícil descartar nuestra honesta observación de los hechos. Las personas toman decisiones instantáneamente, basadas en cero o muy poca información.

## #4. Vayamos a comprar las provisiones.

Es hora de nuestro viaje semanal al supermercado. Mientras tomamos el carrito, caminamos entre en primer pasillo. Inmediatamente a nuestra izquierda, vemos un cartón de leche. ¿Pensaríamos esto?:

"¡Muy bien! ¡Leche! Espero que la compañía de leche tenga un video que explique la historia de las vacas. Tal vez el video me muestre fotografías de su granja y las vacas que ordeñan. Me pregunto si el fundador de la compañía siempre amó las vacas desde niño. ¿Habrá algún audio donde pueda escuchar las máquinas ordeñadoras en acción? Tengo que revisar la parte trasera del cartón para ver si tienen una lista de los premios que ganaron por ordeñar vacas. Parece que no tienen presentación de PowerPoint, pero tal vez tengan un audio con los testimonios de las personas que beben su leche. Si su leche estuviese patentada, sería impresionante."

Si esos son los pensamientos que cruzan por nuestra mente, tenemos un problema. Las personas no piensan de esta manera. Simplemente miramos el cartón de leche y hacemos una decisión instantánea de comprarlo o no comprarlo.

Luego, continuamos caminando y viendo más provisiones. Mientras caminamos, nuestra mente continúa tomando decisiones instantáneas. "No, no, no, sí a esas barras de chocolate, no, no, sí a estas galletas, no, no, no…"

¿Hay algún pensamiento involucrado? No. Todas esas decisiones instantáneas fueron hechas por programas almacenados dentro de nuestra mente.

Si no tomamos decisiones de esta manera, y necesitamos una presentación de una hora sobre cada artículo en la estantería, moriríamos de hambre antes de llegar al final del pasillo del supermercado. Afortunadamente, nuestras mentes no funcionan de esa manera.

## No podemos negar lo obvio.

Nuestros prospectos toman decisiones instantáneas e inmediatas basadas en cero o muy poca información.

Las decisiones de comprar o afiliarse ocurren pronto en la conversación. Estas decisiones no ocurren después de una presentación de 45 minutos que les adormece el cerebro.

Si la información fuese suficiente, entonces, las compañías de redes de mercadeo no nos necesitarían. El internet está repleto de información. Agrega a eso los millones de folletos y catálogos.

## Pero... ¿los prospectos no necesitan información?

La información es el peso que nos hunde y frena el crecimiento de nuestra carrera. Los prospectos no necesitan información. La información no es lo que usan los prospectos para tomar decisiones. ¿Quieres pruebas?

Hablemos de las personas con sobrepeso. Yo soy una de ellas. Como persona con sobrepeso, tengo folletos, reportes de investigación, audios, videos y documentales sobre cómo perder peso. Vivo cerca de clínicas de control de peso, gimnasios, y nutriólogos. Todos los días veo información sobre perder peso en la televisión o en internet. Me han dado conferencias y sermones sobre cómo perder peso. Cada gordito en el universo, incluyéndome, tiene la información sobre como perder peso.

Pregunta a cualquier persona con sobrepeso, "¿Cómo se baja de peso?" ¿Qué es lo que te dirá? "Comiendo menos comida, y haciendo más ejercicio." ¡Toda persona con sobrepeso en el universo tiene la información!

Así que esta es la pregunta.

Si las personas toman sus decisiones basadas en información, y toda persona con sobrepeso en el universo tiene la información, ¿eso no significaría que no debería de haber personas con sobrepeso?

¡Auch!

Toda esa información no tiene nada que ver con las decisiones que toman las personas. Así que cada vez que veamos a una persona con sobrepeso durante la próximas dos semanas, simplemente nos diremos a nosotros mismos (dentro de nuestra cabeza, por favor, no en voz alta), "Las personas no toman decisiones basadas en información."

Ahí lo tenemos. Cada vez que veamos a alguien que tiene sobrepeso, es una prueba más de que la información no tiene nada que ver con las decisiones.

## ¿Todos en tu equipo aceptarán que las decisiones funcionan de esta manera?

No. Los distribuidores amateur no son capaces de creer que sus presentaciones no tienen nada que ver con la decisión del prospecto. Ellos discutirán:

- "Pero tienen que saber el nombre de la empresa."
- "Necesitan saber que tenemos productos patentados."
- "¿Cómo pueden decidir sin escuchar nuestro plan de compensación?"
- "Somos los mejores. Tienen que saber eso primero."
- "Nuestros científicos pueden darle una paliza a los científicos de las otras compañías."

- "Nadie decide hasta conocer los datos."
- "Nuestro nuevo video corporativo es lo que les vende a los prospectos."
- "Mi panfleto laminado de presentación 3D es lo que hace que decidan."

Es difícil discutir con distribuidores amateur. No saben lo que no saben –todavía.

¿Y qué es lo que haremos? Decirles, "Descífralo."

Dales estos dos ejemplos. O los entienden, o se sentencian a ellos mismos a dar largas, aburridas e inútiles presentaciones. Aquí están los dos ejemplos.

Ejemplo #1. Invitamos a un prospecto a nuestra junta de oportunidad. Él no asiste. ¿Ha tomado su decisión? Sí. ¿Cuál ha sido su decisión? "No." Él decidió no unirse y no ha visto un solo dato ni escuchado una palabra de información.

Ejemplo #2. Invitamos a un prospecto a nuestra junta de oportunidad. Él decide no cenar con su familia. Decide no mirar televisión esa tarde. Decide no descansar después de un duro día en el trabajo. En lugar de eso, él decide renunciar a toda su tarde para poder asistir a nuestra junta y comenzar su propio negocio.

Y espera que no hablemos demasiado y lo desanimemos de unirse con una larga y aburrida presentación. ¿Cuándo tomó su decisión? Antes de asistir a nuestra junta.

Así es, los prospectos toman su decisión final antes de los datos. Esto va en contra de las creencias de los distribuidores amateur.

Ellos resistirán el hacer ajustes en su negocio para sacar ventaja de este hecho. Las personas odian cambiar sus creencias.

Nuestros distribuidores amateur continuarán haciendo presentaciones forzadas con prospectos que tomaron su decisión de "no." Esto es de mala educación, y desperdiciaremos el tiempo de todos los involucrados.

¿El resultado? Frustración para ambas partes, el prospecto y el distribuidor amateur.

## ¿Pre-cierres? Ahora, eso tiene sentido.

Los prospectos toman su decisión final basados en cero información, y antes de que nuestra presentación comience. Así que el cómo usamos el tiempo antes de la presentación puede determinar que consigamos esa decisión final de "sí."

Usar pre-cierres funciona a nuestro favor. ¿Por qué? Por que es cómodo para nuestros prospectos. Las técnicas de cierre de alta presión al finalizar las presentaciones simplemente no tienen sentido.

## La realidad de nuestro primer contacto.

Nuestros prospectos tienen muchas decisiones que hacer cada segundo.

- ¿Debería de ponerme de pie o sentarme?
- ¿Presto atención a ese auto cruzando la calle?
- ¿Llegaré a casa a tiempo para mirar mi programa favorito?
- ¿Tengo hambre? Déjame revisar.

- ¿Tengo tiempo para pensar en el regalo de cumpleaños de mi esposa?
- ¿Mi jefe fue sincero en mi entrevista de trabajo?

Cuando conocemos prospectos, quieren tomar una decisión sobre nosotros y nuestra oferta lo más pronto posible. Tienen muchas otras decisiones peleando por su atención. Es por eso que se apresuran mentalmente para tomar su decisión de "sí" o "no."

De esta manera es que pensamos. Así es como nuestros prospectos piensan. Entonces, ¿por qué no utilizar palabras y frases que le faciliten a nuestros prospectos tomar una rápida decisión? Menos estrés, menos rechazo, prospectos felices.

# ¿PUEDES RECLUTAR 100 PERSONAS EN UNA SEMANA?

La creencia es importante, pero solamente es el primer paso.

Recibimos una llamada telefónica. La persona dice: –¿Eres banquero de inversiones? ¿Puedes recolectar dinero? ¿Puedes conseguir $500,000 para un préstamo para el próximo Jueves?–

¿Nuestra respuesta? –No puedo hacer eso. No tengo entrenamiento en recaudar capital. Ni tengo amigos con dinero extra.–

Por que no creemos que sea posible, no lo intentaremos siquiera.

La creencia es el primer paso. Si no creemos, todas las habilidades del mundo no nos ayudarán.

Ahora imagina este escenario.

Recibimos una llamada telefónica. La persona dice: – Secuestré a tu hijo. Lo liberaré el próximo jueves por $500,000.–

¿Qué decimos? No diríamos: –Oh, no soy profesional en recaudar dinero. Lo siento.–

Diríamos: –Tendré $500,000 para el jueves.–

¿Cuál fue la diferencia? ¿Recibimos nuevo entrenamiento?

No.

La diferencia es la creencia.

Sin la creencia, no actuamos. Incluso cuando no sabemos cómo recaudar $500,000 ahora, creemos que podemos aprender nuevas habilidades y encontrar una manera antes del jueves.

El primer paso es... creencia.

## Creer que podemos es sólo el primer paso.

Es un paso necesario, pero hay otro más. El segundo paso es aprender qué decir a nuestros prospectos.

Para todas las personas que tienen la creencia de que nada más pensando positivamente sobre algo, sucederá, comparto esta historia.

## La historia de "Requerimos habilidades."

El prospecto dice: –No.–

¿Y nuestra respuesta?

Decimos: –¿No? ¿Estás bromeando? ¡Pero si recité mis afirmaciones esta mañana! Colgué recortes nuevos en mi tablero de visión. Ayer trabajé en mi mentalidad. Mis metas son mejores que tus metas. Asistí a dos convenciones de la compañía y grité con todo mi entusiasmo el himno de la empresa. Salté más alto que todos los demás. Mi creencia es sólida como la roca. ¡Soy apasionado! ¡¿Cómo puedes rechazar mi oferta?!–

Está bien, esa es una respuesta absurda.

Pero señala que acomodar nuestras ideas solamente es el primer paso hacia el éxito. Sí, es un muy importante primer paso. Pero debemos de hacer más.

## Paso #2: Aprender las habilidades de nuestra profesión.

A menos que aprendamos las habilidades de cómo ayudar a nuestros prospectos a tomar decisiones de "sí," no tenemos negocio. Tenemos esperanza. Tenemos buenos deseos. Pero no tenemos un negocio sólido. Nuestra seguridad financiera y nuestro éxito depende de que aprendamos las habilidades de nuestra profesión. Así que preguntémonos, "¿Cuándo sería un buen momento para comenzar a aprender estas nuevas habilidades?"

Ojalá digas… ¡ahora!

Debemos dominar los pre-cierres para que nuestros prospectos hagan decisiones de "sí" en lugar de "no."

Aprendamos algunas técnicas fáciles ahora.

# EL PRE-CIERRE
# "CONSTRUYENDO VALOR."

¿Por qué los prospectos se quejan sobre el costo de ingresar como distribuidor?

Debido a que no ven el valor dentro de nuestro negocio. Podemos resolver este problema construyendo valor en nuestra oferta.

Podemos decir algo como esto:

–Entonces, ¿cuánto valdría para ti agregar $500 de ingreso extra cada mes a lo que ya estás ganando?–

Y espera la respuesta. Nuestros prospectos están pensando que nuestro negocio vale mucho más que $500.

Hacemos una pausa y esperamos. Nuestro prospecto ahora debe de encontrar una respuesta. Y su respuesta será, muchas veces, más de los $500.

Recuerda, la clave es permitir que nuestros prospectos tengan tiempo de pensar sobre el valor.

No interrumpas.

Mientras más esperamos, más valor se está construyendo dentro de la mente de nuestros prospectos.

# ¿HABLANDO CON PROSPECTOS EN FRÍO? DOS FRASES GENIALES QUE LO FACILITAN.

Hacer llamadas en frío es difícil. No hay una relación. Los prospectos tienen escepticismo. Mi amiga Jackie Clayton sortea este gran obstáculo con dos preguntas increíbles.

Cuando el prospecto contesta el teléfono, ella dice:

−Entiendo que has estado buscando un negocio basado en casa. Cuéntame, ¿por qué no has encontrado un negocio casero todavía?−

¿Qué ocurre?

El prospecto se relaja y le dice a Jackie por qué sigue en la búsqueda. Le explica lo que le agrada y lo que no le agrada de su búsqueda hasta ese punto. Incluso le dicen a Jackie qué es lo que los ha detenido antes.

Los prospectos hacen toda la plática y se sienten cómodos conversando con Jackie.

Ahora Jackie sabe exactamente lo que están buscando, y describe su negocio de manera que es aceptable para ellos.

Esto es mucho mejor que leer la mente. Cuando los prospectos nos dicen exactamente lo que les gusta y lo que no, antes de comenzar una presentación, bueno, no puede ser más fácil que esto.

## ¿Quieres otras dos frases de apertura?

Podemos preparar a nuestros prospectos temprano en nuestras conversaciones al decir:

"Hay dos tipos de personas en el mundo. Quienes buscan razones de por qué sí, y quienes buscan razones de por qué no."

Esto coloca a nuestros prospectos en una actitud de mentalidad abierta. Naturalmente buscarán razones por las que nuestra oportunidad puede funcionar en lugar de buscar razones para no unirse.

Cuando usamos estas frases para comenzar una presentación, notamos que no debemos usar técnicas de cierre de alta presión. Los prospectos pueden juzgar justamente por ellos mismos si esta oportunidad encaja con sus necesidades o no.

# ¿QUIERES CLASIFICAR PROSPECTOS INMEDIATAMENTE?

Después de escuchar y descubrir los problemas de nuestros prospectos, podemos decir, "¿Quieres hacer algo al respecto?"

Nuestros prospectos tienen dos posibles respuestas.

## Respuesta #1: "Sí."

Eso es fácil. Ahora podemos dar una rápida presentación, y sabemos que nuestros prospectos se unirán o comprarán nuestro producto o servicio.

¡Esto es un pre-cierre de lo más fácil!

Los prospectos tienen problemas. Quieren resolver sus problemas. Si deciden, "sí." Podemos tranquilamente explicar algunos detalles en nuestra presentación.

## Respuesta #2: "No."

Cuando nuestros prospectos no quieren resolver sus problemas, nos detenemos. Estamos hablando con prospectos para ayudarles, no para hacerlos infelices. Algunas personas están felices de continuar con sus problemas. Se definen a sí mismos por sus problemas. Por ejemplo, escucha estas dos frases:

#1. "Soy diabético." (Esto es parte de mí. Esto define quién soy como persona.)

#2. "Soy una persona que padece diabetes." (La diabetes no es lo que soy.)

Ahora, los prospectos pueden decir no en cientos de maneras. La mayoría de estas maneras suenan como excusas. Por ejemplo:

* "Quiero pensarlo un poco."

* "¿Hay algún sitio web que pueda ver?"

* "Te hablo la próxima semana."

Podríamos enlistar más de estas excusas, pero ya nos son familiares. Las escuchamos todo el tiempo.

¿Y que deberíamos de hacer cuando nuestros prospectos toman una decisión de "no"? Ser educados. Respetar sus deseos. La razón por la que nuestros prospectos quieren decirnos "no" es por que eso es lo que quieren. No están interesados.

¿Pero qué tal si sabemos que realmente lo necesitan? ¿Tenemos que acosarlos y presionarlos para que nos digan "sí"? No. Acepta el hecho de que no hicimos un buen trabajo. Es momento de ir a casa y trabajar en nuestras habilidades de afinidad o algún otro paso que saltamos.

## Nuestro negocio puede ser libre de estrés, si usamos este secreto.

Si algunos prospectos no están interesados, deberíamos seguir adelante por ahora.

El propósito del negocio es resolver problemas para nuestros prospectos. Si algunos prospectos no tienen problemas, o no quieren resolver sus problemas, nosotros respetamos sus decisiones.

Hay bastantes prospectos que tienen problemas que nuestros productos o servicios y oportunidad pueden resolver. Queremos pasar la mayoría de nuestro tiempo con estos prospectos. No queremos desperdiciar ese tiempo con personas que no son prospectos.

# MÁS MANERAS DE OBTENER DECISIONES RÁPIDAS.

¿Alguna vez has tenido problemas al romper el hielo o hacer que los prospectos se interesen en escuchar nuestra presentación? Entonces comienza con pequeños pasos. Comienza con esta pregunta que implora por un "Sí."

"Si te ayudara a comenzar un negocio de medio tiempo, y pudieras jubilarte dos años antes, ¿me enviarías una tarjeta de agradecimiento?"

¿Cómo podría rehusarse un prospecto?

Este prospecto ahora se está acercando, con una mentalidad positiva, y podemos dar una presentación libre de rechazo. Eso fue fácil. Y sucedió en segundos.

Probemos con otra más.

## Miedo a la pérdida.

Hace muchos años, escuché a un conferencista terminar su presentación con un cierre genial. Pero, ¿por qué usar este cierre al final de la presentación? En lugar de eso, podríamos usarlo cuando comenzamos.

¿Por qué?

Este cierre le dice a nuestros prospectos cuánto cuesta nuestra oportunidad. Les quita la presión. Además, nos hace lucir confiados de que no estamos interesados en el precio de nuestro negocio.

Además, este cierre crea un sentimiento de "miedo a la pérdida" en los prospectos. El miedo a la pérdida siempre es más grande que el deseo de ganancias. Después de escuchar este cierre, los prospectos toman una rápida decisión mental de abrir su mente y buscar razones para ingresar, en lugar de buscar razones para huir.

Aquí está la frase:

"Amigos, toma $99 decir 'Sí' a nuestra oportunidad, y $2.5 millones decir 'No.'"

En otras palabras, por $99 puedes ingresar a nuestra oportunidad de redes de mercadeo. Eso es barato. Sin embargo, si dices "no" y no sacas provecho de nuestra oportunidad, podrías perder $2.5 millones en cheques futuros. No puedes costear el rechazar esta oportunidad.

Esta poderosa frase hace que las personas prueben tu oportunidad. Y como bono añadido, los prospectos nos respetan por ser directos y decirles la oferta completa y el precio. No tienen que esperar hasta el final para enterarse.

## Una palabra de precaución.

Afirmaciones poderosas de cierre resumen los beneficios de nuestra oportunidad y hacen que las personas se unan. Sin embargo, hay una diferencia entre una decisión de compromiso y una decisión de conveniencia.

Los prospectos que necesitan un empujón extra para tomar una decisión, a menudo están haciendo una decisión de conveniencia. Es más fácil para ellos decir "sí" que decirnos "no."

Las decisiones de conveniencia son débiles. Significa que debemos de construir su compromiso después de unirse. ¿Por qué? Debido a que necesitan ser fuertes para superar el rechazo, las críticas y los muchos retos que enfrentamos mientras construimos un negocio.

Compara este tipo de prospectos con "decisiones de conveniencia" a un prospecto que hace una "decisión de compromiso." Cuando los prospectos están comprometidos, no necesitan de poderosas afirmaciones de cierre. Ellos compran el negocio antes de que comencemos con nuestra presentación.

# LA MALDICIÓN DE LOS RECOLECTORES DE INFORMACIÓN.

Cuando hablamos con prospectos, la única decisión que nuestros prospectos tienen que hacer es si quieren comenzar un negocio... o no. O si quieren comprar productos y servicios... o no.

¿Por qué una simple decisión como esa? Por que nuestros prospectos no pueden tomar una decisión razonable sobre nada más.

Piensa en ello. En este punto en la conversación, ¿nuestros prospectos tienen suficiente información:

- Para evaluar nuestra novedosa industria?
- Para conocer los trucos internos y las estrategias de crecimiento?
- Para comprender nuestro plan de compensación repleto de jerga de la industria?
- Para juzgar nuestros productos a simple vista en su primera exposición?
- Inclusive para saber qué preguntas hacer?
- Para saber cómo hacer el trabajo, incluso cuando nunca han participado en este negocio?

¡No! Es injusto pedirle a los prospectos que tomen una decisión sobre todos estos temas que están fuera de su habilidad. Aprenderán estas cosas después de que decidan unirse a nuestro negocio, comiencen su entrenamiento y adquieran experiencia.

Sólo recuerda lo poco que sabíamos durante nuestra primera semana en nuestro negocio.

## ¿Qué decisión pueden tomar nuestros prospectos antes de que comencemos con nuestra presentación?

Pueden decidir si quieren hacer negocio con nosotros... o no. Eso es todo.

¿Pero no tienen que saber cómo hacer nuestro negocio antes de que comiencen? ¡No! Eso sería ridículo. No permitas que la vieja excusa "No puedo entrar por que no sé cómo hacer esto."

Ante esta excusa, decimos, "Por supuesto que no sabes cómo hacer este negocio. La compañía no espera que sepas cómo construir tu negocio antes de que te unas. Eso sería una locura. Es por eso que la compañía provee entrenamientos después de que te unes, para que puedas aprender cómo construir tu negocio efectivamente."

## Nadie espera que sepamos cómo construir un negocio de redes de mercadeo antes de comenzar.

Saber cómo construir nuestro nuevo negocio viene después.

Por ahora, la única decisión que cuenta es si nuestros prospectos quieren unirse al negocio o no.

1. Si quieren unirse a nuestro negocio, ahora es un momento genial para que se inscriban y comenzar su entrenamiento.

2. Si no quieren unirse a nuestro negocio ahora, este es un momento genial para saberlo. Podemos dejar de acosarlos y permitir que sigan con sus vidas. Quizá estarán listos en un futuro.

## Una vez que sabemos que nuestra meta es obtener la decisión de "unirse ahora," se vuelve muy fácil.

Podemos cerrar esta decisión pronto en nuestra conversación. Si no lo hacemos, aquí está el problema.

Hablamos, enviamos muestras, y hacemos que estos prospectos ingresen a nuestros sitios web. Finalmente tienen toda la información sobre nuestra oportunidad y es momento de que hagan su decisión.

¿La decisión de unirse? ¿La decisión de tomar acción? ¿La decisión de comenzar a trabajar?

Pánico. ¿Qué es lo que hace nuestro prospecto "recolector de información"? De repente, decide que necesita investigar otra oportunidad más.

Y este es el ciclo de vida de nuestros prospectos "recolectores de información." Pasan todas sus carreras investigando, leyendo y estudiando… para evitar hacer algo.

Son expertos en todo. Pueden decirte qué está bien o qué está mal dentro de cada oportunidad y producto. Publican sus opiniones y comienzan grupos de discusión para regurgitar la misma información una y otra vez.

Eventualmente, estos prospectos crecen y se convierten en... críticos.

## Esta es la maldición de los "recolectores de información."

¿Recuerdas aquella larga presentación? ¿Y luego el prospecto dijo que quería pensarlo más?

Frustrante, ¿no es así? Sólo entonces es que nos damos cuenta de que algunas personas no quieren comenzar un negocio.

Estos prospectos "recolectores de información" sienten que están haciendo progresos al investigar posibilidades. La realidad es que no quieren encontrar algo y luego tener que trabajar.

¿Por qué? Por que si de hecho comenzaran, tendrían que trabajar duro y arriesgarse a los rechazos.

Es por eso que están eternamente investigando. Eso desperdicia nuestro tiempo por que estamos lidiando con no-prospectos.

Esta excusa es común con personas analíticas como ingenieros, contadores, profesionales en procesamiento de datos, científicos, etc. Muchos preferirían recolectar seguros toda la información en lugar de tomar el riesgo de dar su primer paso en un negocio. Quieren saber infinitos detalles y ponderan sus decisiones eternamente. Esto nos conduce a la locura.

Termina con esta tragedia y cierra previamente rápido. Simplemente di, "Antes de que comience, quiero asegurarme de que estoy hablando sobre lo que quieres. Entonces, ¿Estás en busca de comenzar un negocio ahora, y comenzar a ganar dinero... o están en la etapa de recolectar información?"

Esta pregunta aturde a los analíticos y nos ayuda a enfocarnos en la perspectiva completa. Si dicen que están en busca de comenzar un negocio ahora, ¡terminamos! Cerrados.

Y si están en la fase de recolectar información, les damos algunos enlaces web, un folleto, o algo por el estilo, y podemos continuar con nuestro día. Ellos estarán felices de que no hicimos que comenzaran de inmediato. Nosotros estaremos felices por que podremos pasar nuestro tiempo con alguien nuevo, que quiera comenzar ahora.

Cuando tenemos esta perspectiva completa en mente, se hace fácil enfocarnos en conversar hacia obtener esa decisión.

El primer paso es conseguir el compromiso de comenzar un negocio.

¿Qué tal si no conseguimos este compromiso? Entonces estamos hablando con alguien que no está listo para comenzar. Ese es un duro problema de resolver. Nuestra conversación no llegará a nada.

## ¿Pero qué tal si ya comencé mi presentación?

Si estamos atascados en un ciclo eterno de preguntas y detalles, podemos decir esto para terminar con el drama que nos chupa el tiempo. Esta pregunta nos pone de vuelta en el camino para ver la perspectiva completa de si ahora es el momento correcto de unirse o no. Podemos decir,

"Adelante, recolecta toda la información que quieras, pero me gustaría hablarte de la perspectiva completa. ¿Estaría bien si hablamos a un nivel más elevado?"

La mayoría de los prospectos dirán algo como, "Oh sí. Por supuesto, está bien si hablamos a un nivel más elevado."

Y ahora podemos dirigir la conversación de regreso a la decisión del prospecto: si quieren comenzar un negocio ahora, o no.

## ¿Quieres otra manera para manejar a estos recolectores de información?

Muchas preguntas son simplemente sobre las inquietudes del futuro éxito del prospecto. En lugar de responder preguntas interminables, considera este acercamiento. La mayoría de las preguntas más triviales pueden ser respondidas con:

"Eso lo cubrimos durante el entrenamiento. Pero la pregunta realmente es, '¿Quieres unirte a nuestro negocio ahora, para que podamos enrolarte en el siguiente entrenamiento de inmediato?'"

## ¿Aún no son suficientes opciones?

Entonces podemos probar esto en el momento apropiado de la conversación con nuestro prospecto.

"Probablemente estás cansado y aburrido de recolectar más información y teoría. Entonces, si ya estás listo para comenzar de hecho, a construir un negocio, ¿cuándo sería un buen momento para comenzar? ¿O prefieres dejar de lado la construcción de tu negocio por algunos meses más?"

Esto parece clasificar prospectos muy rápidamente.

Supón que el prospecto dice: –Oh, necesito unas cuantas semanas más para pensar sobre cuánto dinero ganaré si de hecho supiera cómo construir un negocio." Entonces sabemos que es tiempo de dejar tranquilo a nuestro prospecto.

## ¿Y qué hay si siguen preguntando más detalles?

Bueno, debemos ser educados. Si es posible, proveemos detalles, incluso cuando no tienen manera de evaluarlos. Pero, deberíamos hacernos esta pregunta: "¿Por qué están preguntando todos estos detalles difíciles de evaluar?"

La respuesta es, "Debido a que no se sienten cómodos entrando en nuestro camino. Tienen miedo de morir en nuestro camino. Así que ahora están desesperadamente juntando todos los detalles para darles un sentido de seguridad."

¿Seguridad? Sí.

Veamos esto desde el punto de vista del prospecto.

# LA PRIMERA DECISIÓN.

"Es lo que no sabemos que nos mata."

Otra forma de decir esto es, "La definición de frustración es no saber lo que no sabemos. Eso significa que nunca podemos saber lo que no sabemos, por que no sabemos qué aprender."

Todos en redes de mercadeo han sentido esta frustración por lo menos una vez. Las cosas salen mal, pero no sabemos por qué.

En mi caso, esto es lo que ocurrió. Hice cientos de presentaciones y nadie se unió. Eso era un problema. Pero no podía resolver el problema, debido a que no sabía cuál era la causa del problema.

Traté adivinando. Pensé que los prospectos necesitaban más información. Por supuesto, eso no era cierto. A pesar de que dupliqué la cantidad de información y dupliqué la duración de mis presentaciones, nadie se afilió.

## Pero se pone peor.

Varios niveles encima de mí en mi línea de patrocinio, había un líder llamado Bob. Bob se sentaba con un prospecto y decía: –Bien…–

Y el prospecto inmediatamente decía: –Quiero entrar.–
¿¿¿QUÉ???

Sí. Bob se sentaba por unos momentos y los prospectos estaban suplicando por unirse.

Yo odiaba a Bob.

Yo trabajaba duro a diario, pasaba mis días lejos de mi familia, y no obtuve resultados. Sin importar cuánto mejoraba mi presentación, nada ocurrió.

Tuve que observar el éxito de Bob. Bob se sentaba con los prospectos, sonreía, decía una o dos frases, ¡y se unían! ¡Esto era una tortura!

## Pero Bob sabía un secreto.

Bob sabía que las personas odian sus vidas. Se levantan en la mañana, se van a trabajar, se van a dormir. Se levantan en la mañana, se van a trabajar, se van a dormir. Se levantan en la mañana, se van a trabajar, se van a dormir. Se levantan en la mañana, se van a trabajar... ¡se mueren!

Sí, la mayoría de las personas odian sus vidas. Bob lo sabía. Las personas están desesperadamente en busca de un plan. No tienen un plan. Si tuvieran un plan, ya lo habrían seguido.

Así que imagina los típicos prospectos con los que yo tuve que hablar.

1. Odiaban sus vidas.

2. Estaban en busca de un plan. Yo tenía un plan.

3. Estaban en busca de alguien que supiera a dónde iba. Yo sabía a dónde iba.

4. Y finalmente... querían saber si la persona tenía las habilidades para llevarlos seguros por el camino. ¡Oh vaya! Aquí es donde todo salía mal.

Los prospectos me miraban y pensaban, "Si me uno a tu camino, moriré en tu camino."

Mis prospectos no querían morir. ¿Cómo sabrían que morirían?

Los prospectos pueden oler la desesperación. Los prospectos pueden detectar la incompetencia.

En sólo unos pocos segundos, los programas en la parte trasera de su cerebro detectaban que si se unían a mi camino, morirían. Ellos sabían que yo no tenía las habilidades para llevarlos seguros por el camino.

## ¡Pero tenía una buena actitud!

¡Pensaba pensamientos positivos! ¡Cantaba el himno de la compañía! ¡Tenía fotos nuevas en mi tablero de visión! Y nada de esto importó. Los prospectos sólo estaban preocupados en llegar seguros a sus destinos.

Los humanos piensan de esta manera. Imagina que nos subimos a un avión. Mientras entramos al avión, el capitán dice: –Bienvenidos a bordo. No sé cómo volar este avión, pero tengo una muy buena actitud.–

¿Tomaríamos ese vuelo? ¡No! Por que no queremos morir.

Y es por eso que no se unieron conmigo en mi camino, ¡por que no querían morir!

No es cuestión de actitud, también es cuestión de habilidades.

Los prospectos sólo quieren unirse en nuestro camino si sienten que llegarán seguros con nosotros.

Pero de vuelta con Bob. Los prospectos sentían que Bob tenía las habilidades para llegar a donde se dirigía. Ellos querían llegar ahí también. Y querían seguir a Bob en ese camino.

Esa es la primera prueba con los prospectos. Fracasé en esa prueba. ¿Por qué? Debido a que estaba pensando que su decisión tenía que ver con la información, la industria, la compañía, los productos, el plan de compensación, y todos esos inútiles detalles. No sabía que los prospectos tomaban su decisión antes de que iniciara con mi presentación.

## ¿Y cuál es el resultado?

Los prospectos toman esa decisión rápidamente. Las buenas noticias es que sólo debemos de ser competentes durante los primeros segundos. Si podemos hacerlo correctamente los primeros 20 o 30 segundos, y hacerlo con confianza, los prospectos querrán estar en nuestro equipo. Tomarán una decisión inmediata de que quieren seguirnos en nuestro camino de éxito.

¿Cómo obtenemos este aura de competencia? Dos maneras.

Primero, desarrollo personal. Nadie quiere seguir una persona en la penumbra y la perdición. El desarrollo personal nos hace mejores personas. Las personas quieren estar alrededor de mejores personas. Es por eso que estamos atraídos a las personas positivas en lugar de las negativas en las fiestas.

El desarrollo personal nos da el comienzo.

Pero se requiere algo más. Por que nadie quiere seguir a un positivo idiota en una misión suicida.

Segundo, necesitamos habilidades duras. Cuando hablamos de forma consistente, con las palabras correctas, los prospectos "sienten" nuestra competencia. Están confiados de que sabemos lo que hacemos, que llegaremos a nuestro destino, y que quieren llegar con nosotros.

¿Los pre-cierres son una de esas habilidades que los prospectos están buscando? Por supuesto. Lo que decimos temprano en nuestras conversaciones influirá en la decisión.

## ¿Y cuál es la primera prueba?

"¿Si voy contigo en tu camino, llegaré seguro?"

Bob sabía esto. Yo no lo sabía.

Los prospectos toman su decisión mucho antes incluso de que mencionemos el nombre de nuestra compañía. Debemos manejar esos críticos primeros segundos de nuestra interacción con los prospectos. Queremos ser como Bob.

# EL PROPÓSITO DE UN NEGOCIO ES RESOLVER LOS PROBLEMAS DE LAS PERSONAS.

Si nadie tuviese hambre, no habría necesidad de restaurantes. Si nadie sintiera sueño, no habría necesidad de que existieran los hoteles. Y si las personas vivieran para siempre, vender vitaminas sería difícil.

Las redes de mercadeo son fáciles si nos concentramos en resolver los problemas de las otras personas. Pero, ¿cómo vamos a saber cuales son sus problemas?

No será hablando. Debemos escuchar.

Si nuestros nuevos distribuidores vienen y preguntan: –¿Qué debo decir?– ...entonces, están perdiendo el punto. En lugar de hablar, deberían preocuparse por escuchar.

## ¿Escuchar?

Bueno, no queremos escuchar sin cesar al drama de los cuñados de nuestros prospectos. Por eso es que enfocaremos nuestra conversación en los problemas de nuestros prospectos. Entonces, podremos ver si nuestros productos u oportunidad pueden resolver sus problemas.

¿Cómo enfocamos nuestra conversación en los problemas de nuestros prospectos? Haciendo las preguntas correctas.

## Algunas preguntas para pre-cerrar prospectos.

Recuerda, el propósito de un negocio es resolver problemas.

Nuestro trabajo es hacer que nuestros prospectos quieran resolver sus problemas ahora, no en algún momento en un futuro vago.

Los problemas son incómodos. No queremos pensar en nuestros problemas. Así que, ¿qué hacemos? Rápidamente movemos nuestros pensamientos a otra parte. Queremos evitar los malos sentimientos que vienen con ponderar las implicaciones de nuestros problemas.

Para motivar a nuestros prospectos a resolver sus problemas ahora, hacemos que nuestros prospectos pasen más tiempo pensando sobre sus problemas.

Los problemas se hacen más urgentes cuando nuestros prospectos piensan en ellos más. Creamos más urgencia al hacer más preguntas.

Aquí hay algunos ejemplos de preguntas que hacen que los prospectos piensen más y conversen sobre sus problemas.

- ¿Cuándo sería un buen momento de comenzar tu propio negocio?
- ¿Cómo se siente no tener un cheque extra cada semana?

- ¿Cuándo sería un buen momento para ganar cheques extra para tu familia?
- ¿Cuántos kilos de sobrepeso deberías tener a los 50?
- ¿Cuánto más deberías estar pagando al mes por tu teléfono?
- Para que te paguen lo justo, ¿cuánto deberías de estar ganando por hora?
- ¿Cuántas semanas de vacaciones necesitas cada año?
- Si fueras tu propio jefe, ¿cambiarías algo?
- ¿Cuánto aumento esperas recibir este año?
- ¿Esperas que las cosas sigan iguales?
- ¿Te gustarían unas hermosas pestañas sin tener que pegarlas?
- ¿Cuánto deberían de cobrar los abogados por hora?
- Las arrugas llegan, ¿a qué edad deberían empezar?
- ¿Conoces a alguien que necesite ingreso extra?
- ¿Qué tal un fin de semana de cinco días?

Comenzar una conversación en la dirección correcta es fácil cuando usamos preguntas geniales.

## ¿Qué deberíamos preguntar primero?

Hacemos preguntas para ver si nuestros prospectos tienen problemas. Si no tienen problemas, no hay nada que podamos resolver o con lo que podamos ayudar.

¿Quieres hacer mejores preguntas?

¿Quieres hacer que nuestros prospectos se abran más, y nos digan sus más incómodos problemas?

Afortunadamente, las personas tienen muchos problemas. Los problemas son fáciles de descubrir si hacemos estas dos preguntas en el orden correcto.

Pregunta #1: "¿Qué te gusta más sobre..."

Pregunta #2: "¿Qué te gusta menos sobre..."

La respuesta a la Pregunta #1 es importante. Preguntamos lo positivo primero para ayudar a que nuestros prospectos se relajen. Si comenzamos profundizando inmediatamente al preguntar por sus problemas, nuestros prospectos estarían desconfiados y saldríamos de afinidad.

La respuesta a la Pregunta #2 es lo que queremos. Esta respuesta nos dirá exactamente cómo nuestro producto o negocio puede resolver los problemas de nuestros prospectos.

Aquí está un ejemplo.

Pregunta #1: "¿Qué es lo que más te gusta sobre tu trabajo?"

El prospecto responde: –Bueno, la paga está bien. Y era el trabajo de mis sueños cuando salí de la escuela.–

Pregunta #2: "¿Qué es lo que te gusta menos sobre tu trabajo?"

El prospecto responde: –Estoy metido en una oficina todo el día. Nunca puedo salir. Nuca puedo hablar con personas. Odio mover papeles de un lado del escritorio hacia el otro. Me gusta estar con gente.–

Y ahora sabemos exactamente qué decir a este prospecto. Nuestra presentación se enfocará en su problemática, insatisfacción en su carrera.

Cuando hacemos las preguntas correctas, localizamos los problemas que nuestros prospectos quieren resolver. Ahora nuestras presentaciones están personalizadas para ellos. Nuestra presentación no se escuchará como un guión genérico de venta.

Una gran parte de la decisión final que los prospectos hacen es, "¿Comprendes mi situación?" Al mostrarles que nos preocupan, al hacer las preguntas correctas, nuestros prospectos querrán hacer negocio con nosotros.

¿Son estas las únicas preguntas que podemos hacer? Por supuesto que no. Hagamos un ejemplo de algunas preguntas adicionales. Nos imaginaremos que estamos ofreciendo productos de dieta.

## El acercamiento de cinco preguntas.

Estas cinco preguntas le facilitan a nuestros prospectos tomar una decisión inmediata, incluso antes de comenzar nuestra presentación. La mejor manera de ilustrar esto es con un ejemplo. ¿Listo?

Pregunta #1: "Si hubiera una forma de perder peso, tener más energía, no sentir antojos, y nunca renunciar a tu comida favorita… al menos te gustaría saberlo, ¿verdad?

Nuestro prospecto debería decir "sí" por que le dimos cuatro grandes beneficios. Les gustaría por lo menos uno de esos beneficios.

Pregunta #2: "¿Has hecho dietas antes?"

Escucha las respuestas de nuestros prospectos. Si están bastante pesados, y nunca han hecho una dieta exitosa en su vida, sabemos que deberíamos enfocarnos en que se comprometan a una dieta. Sólo hablar sobre nuestros geniales productos sería una pérdida de saliva.

Pregunta #3: "¿Qué fue lo que más te gustó de tus dietas previas?"

Recuerda, esta pregunta es positiva y no invasiva. Queremos que nuestros prospectos se relajen. Nosotros escuchamos y hacemos notas mentales de cualquier información que pueda ser de ayuda después en nuestra presentación. Hacemos esta pregunta para tener permiso de hacer la siguiente.

Pregunta #4: "¿Qué fue lo que menos te gustó sobre tus dietas previas?"

Nuestros prospectos nos dirán qué no les gustó de sus dietas previas. Podemos ajustar nuestra oferta basados en lo que les gustó y lo que no les gustó. Por ejemplo, si dijeron que no les gustó beber malteadas de proteínas, no incluiríamos ese producto en su paquete personalizado de dieta. Esta pregunta nos ayuda a evitar ofender a nuestros prospectos al presentarles algo que no quieren.

Pregunta #5: "¿Cuál es la razón más importante por la que quieres perder peso?"

Esta pregunta nos dará su motivación para que podamos manejar las objeciones. Sus razones emocionales superarán las objeciones de precios, de tiempo, etc.

Respuestas comunes a esta pregunta podrían ser:

- "Quiero perder peso para lucir bien en las fotos de boda de mi hija. Se casa dentro de tres meses y esas fotos estarán en la pared para siempre."
- "Quiero perder peso para verme bien en la reunión de la escuela y encelar a mis ex-novias."
- "Quiero perder peso por que mi doctor dijo que moriría pronto si no."
- "Quiero perder peso por que mi esposo me comprará un guardarropa nuevo si lo hago."
- "Cuando juego golf, mi estómago es tan grande que apenas puedo ver la pelota."

## Esta es una pequeña gran fórmula.

Podemos usar estas cinco preguntas como plantilla para nuestra oportunidad de negocio, nuestros productos, y nuestros servicios.

Hacemos estas preguntas antes de nuestra presentación. Veamos que hemos logrado.

Pregunta #1: "Si hubiera una manera que pudieras (inserta algunos beneficios)… al menos te gustaría saberlo, ¿verdad?"

Ofrecemos múltiples beneficios. Nuestros prospectos querrán por lo menos uno de ellos.

Pregunta #2: "¿Alguna vez has (pregunta por experiencias previas) antes?"

Esto nos dará una pista sobre cómo nuestros prospectos toman sus decisiones.

Pregunta #3: "¿Qué fue lo que más te gustó de...?"

Esta es una pregunta fácil para que nuestros prospectos respondan. Y por que hacemos esta pregunta, lucirá más natural cuando hagamos la siguiente pregunta.

Pregunta #4: "¿Qué fue lo que menos te gustó de...?"

Esta es la pregunta más importante. El propósito de un negocio es resolver problemas. Debemos encontrar cuál es el problema de nuestro prospecto. Esta es una pregunta perfecta para lograr eso.

Pregunta #5: "¿Cuál es la razón más importante por la que quieres...?"

Cuando sabemos el "por qué" de nuestro prospecto, es fácil superar las objeciones. Si su "por qué" es los suficientemente grande, ninguna objeción se interpondrá en su camino. Todo lo que deberíamos de hacer es continuar recordándole a nuestro prospecto su "por qué."

Aquí hay un ejemplo.

Nuestro prospecto nos dice: –¿La razón más importante para comenzar mi negocio? Odio levantarme con un despertador todas las mañanas.– Ahora, para casi cada objeción de parte de este prospecto podríamos decir: –Pero quieres deshacerte del despertador, ¿no es así?–

Imagina que este prospecto objetara diciendo: –Oh, no sé si tengo suficiente tiempo para comenzar un negocio de medio tiempo.– Nosotros responderíamos, "Pero sí quieres deshacerte de ese despertador, ¿no es así?"

Los prospectos tienen problemas. Podemos resolver esos problemas. Por eso los prospectos nos aman.

# HACIENDO QUE LAS PERSONAS PIENSEN.

La mayoría de las personas cruzan por la vida en un trance. Están en un bache, una rutina, y pasan los ciclos de los días sin pensar. Y entonces, la vida se les escurre.

Podemos ayudar. Podemos recordarle a nuestros prospectos que están en un trance. Y por lo menos podemos ofrecer una opción más para sus vidas. ¿La opción? Las recompensas de redes de mercadeo, por supuesto.

¿Y cómo ayudamos a los prospectos a liberarse de su trance y dar un buen vistazo a las otras opciones?

Una simple conversación. Y... preguntas.

Cuando le hacemos a nuestros prospectos una pregunta, tienen que detenerse y pensar, de hecho.

¿En qué queremos que piensen nuestros prospectos? Sería genial si hicieran una decisión mentalmente. "Hey, quiero una oportunidad que me aleje de mi rutina diaria."

Aquí hay algunos ejemplos de preguntas que podemos hacer mientras tenemos conversaciones con prospectos.

* "Estoy pensando en escapar de la carrera de la rata de 9 a 5. ¿Qué me dices tú?"

Sin presión. Simplemente preguntamos si nuestros prospectos han tenido esos pensamientos. Si nuestros prospectos están de acuerdo con nosotros, el resto de la conversación será muy fácil.

* "¿Cuántos días más te faltan antes de jubilarte?"

Cuando nuestro prospecto comienza a contar, parecen una eternidad. Y si nuestro prospecto odia su trabajo, el sentimiento empeora. Todavía podemos aumentar esos sentimientos diciendo, Bueno, sólo te faltan 4,879 días para comenzar a hacer lo que te gusta hacer."

Algunos sitios de novedades venden relojes de cuenta regresiva. Podemos comprar un reloj de esos y fijarlo en el número de días que nuestro prospecto tiene que seguir trabajando. Si nuestro prospecto coloca su reloj sobre su escritorio, ¿en qué pensará diariamente cuando luche en su trabajo?

* "¿Tu jefe gana más que tú, y aún así trabaja menos horas?"

Cuando nuestros prospectos no están felices, buscan soluciones. Nosotros podemos ser esa solución que están buscando.

* "Desearía poder renunciar a mi trabajo y borrar la aplicación de alarma de mi teléfono. ¿Alguna vez has tenido ese sentimiento?"

Sin presión. Sin rechazo. Sólo conversación. ¿Pero qué tan fácil sería que los prospectos estén de acuerdo con nosotros?

Adoptarían nuestros deseos como propios. Sus trabajos actuales no les ofrecen la oportunidad de dormir hasta tarde, pero nosotros podemos. Si nuestros prospectos toman la decisión de cambiar sus vidas y dormir hasta tarde, somos la solución fácil a sus necesidades de ingreso.

* "No quiero que el próximo año sea como este. Quiero algo diferente, ¿qué hay de ti?"

Esta es una pregunta genial para hacer en reuniones familiares. En lugar de parientes escépticos pensando que estamos vendiendo un negocio, ahora tenemos parientes con una mente abierta que quieren una oportunidad. Si toman la decisión de más oportunidades en sus vidas, nuestra conversación posterior estaría totalmente en afinidad.

* "No me encanta este trabajo. Me gusta lo que gano. Estoy pensando en una manera más agradable de conseguir un cheque. ¿Alguna vez has pensado eso?"

A veces estamos en un bache tan hondo, que no podemos ver la salida. Las personas mentalmente se "desconectan" y se resignan a pensar, "Necesito el dinero, más vale quedarme con este empleo."

Nuestro trabajo es sacudirlos de sus trances actuales, y ayudarlos a ver más opciones.

* "¿Sabes cómo odiamos este trabajo? Acabo de encontrar una salida. Y la estoy tomando."

¿Cuál es la primera reacción de nuestro compañero de oficina? "¡¿Qué?! ¡Espera! ¡Yo también quiero escapar contigo!"

* "Voy a tener una carrera nueva el año siguiente. Mi nueva carrera será tener cinco coffee break al día, mientras platico con personas interesantes."

¿En qué está pensando nuestro compañero? "Yo también amo los coffee break. Son mi hora del día favorita. Y si pudiera tener una carrera conversando con personas con un café, sería asombroso. ¿Qué tengo que hacer para unirme contigo en tu nueva carrera?"

* "Todos sabemos que este trabajo no nos hará ricos. ¿Cuál es tu plan para vencer al sistema?"

Ahora nuestro prospecto debe de pensar sobre su situación actual. Si no tiene un plan, podría decirnos: –No tengo un plan. ¿Tú tienes un plan?–

Qué manera tan genial de hacer que los prospectos nos pidan presentaciones, libres de rechazo.

* "Sabes, me siento muy inútil conduciendo tanto para llegar a la oficina por la mañana, y conduciendo de vuelta a casa en la noche. Es una pérdida de mi tiempo. Mi siguiente meta es trabajar desde mi casa. ¿Qué hay de ti?"

Tal vez obtengamos un rápido acuerdo de que nuestro compañero desea una oportunidad para trabajar desde su casa. Por lo menos, hemos plantado una semilla que crecerá dentro de la mente de nuestros prospectos.

* "¿Qué es lo que odio sobre este trabajo? El café barato y el que me ocupe todo el día. ¿Qué me gusta de este trabajo? Amistades

geniales. ¿Crees que tal vez podríamos hacer algo diferente? ¿Tal vez montar un negocio juntos?"

La respuesta "sí" o "no" a esta pregunta es rápida. ¿Por qué? Por que no estamos vendiendo un negocio. Sólo queremos saber si nuestro prospecto quiere escapar del trabajo y entrar a un negocio con nosotros.

## Pero no nos limitemos a la oportunidad.

Aquí hay algunos ejemplos de preguntas que podemos hacer a nuestros prospectos para que piensen en nuestros productos y servicios.

* "Estoy cansado de hacer ejercicio, comer cosas chistosas, morir de hambre... y que el peso regrese. He decidido perder peso de una vez, y mantenerlo fuera por siempre. ¿Qué tal tú?"

Y ahora una respuesta positiva hace que vender productos de dieta sea fácil.

* "El año pasado nos hospedamos con mi suegra y sus 32 gatos durante nuestras vacaciones. Este año vamos a darnos unas vacaciones de verdad, a un precio que podemos pagar. ¿Qué hay de ti?"

Nuestro prospecto puede comenzar a soñar sobre unas vacaciones especiales. Si vendemos servicios de viajes, podríamos resolver el problema de vacaciones de nuestro prospecto.

* "Revisé mi factura de servicios del mes pasado. Sabes, nuestras tarifas no cambiarán a menos que hagamos algo al respecto. Ya hice un cambio para que mi factura sea más baja. ¿Qué tal tú?"

¿Qué podría decir nuestro prospecto? No escuchamos a mucha gente decir, "Oh, soy una víctima. No puedo hacer nada al respecto."

Escucharemos prospectos interesados preguntándonos cómo cambiar su factura y hacerla más barata.

## Es cómo comenzamos lo que importa.

Hay un viejo dicho: "Puedes llevar al caballo al agua, pero no puedes hacer que beba." Bueno, eso puede ser cierto... pero, podemos agregar un poco de sal a la comida del caballo. Primero dirigimos la conversación hacia las insatisfacciones de nuestros prospectos. Ahora una conversación sobre nuestro negocio puede ocurrir de manera natural.

# HACER PREGUNTAS NEGATIVAS.

Temprano en nuestras conversaciones, hagamos que los prospectos se vendan a sí mismos.

Podemos hacer preguntas como:

- "¿Por qué quieres invertir tu tiempo en un negocio personal?"
- "¿Por qué te interesa invertir más dinero en tu salud?"
- "¿Por qué quieres morir de inanición sólo para bajar de peso?"
- "¿Por qué te gustaría cambiar tu rutina de cuidado de la piel?"
- "¿Entonces, piensas que seguir con tu plan actual, trabajando en tu empleo, será la respuesta?"

Este tipo de preguntas aparecen como negativas. Sin embargo, para responder estas preguntas, nuestros prospectos asumirán que quieren lo que tenemos que ofrecer.

¿Qué ocurre? Nuestros prospectos se venden a ellos mismos con sus respuestas. Por ejemplo:

Nosotros: —¿Por qué quieres invertir tu tiempo en un negocio personal?–

Prospecto: –Bueno, no estoy ganando mucho dinero en mi trabajo actual. No me veo moviendo papeles de un lado del escritorio al otro por toda mi vida. Quiero un cambio. Pienso que podría probar las aguas al intentar con un negocio propio. No quiero arriesgar lo que tengo, pero quiero probar algo más.–

Entre más escuchamos, y más habla nuestro prospecto, más se estará vendiendo a sí mismo.

¿Un dato interesante? Las personas tímidas escuchan más. Esto le da a las personas tímidas una ventaja cuando hablan con prospectos. ¿Por qué?

Cuando las personas tímidas escuchan, dos cosas suceden.

#1. Los prospectos hablan sobre sus problemas. Puesto que el propósito de los negocios es resolver los problemas de las personas, las personas tímidas saben exactamente de qué hablar.

#2. Entre más los prospectos hablen sobre sus problemas, más los prospectos se estarán vendiendo a ellos mismos sobre querer una solución ahora. Esto hace que los pre-cierres sean fáciles de implementar.

Escuchar, no hablar, es la clave para la afinidad y las ventas.

# ¿RECHAZO O RESISTENCIA DE LOS PROSPECTOS?

Algunos prospectos muestran señales de negatividad, impaciencia o resistencia ante las ventas. Nosotros vemos este escepticismo es sus rostros, o lo notamos en sus brazos cruzados.

Aquí está una pequeña frase que hace que todo sea mejor.

Simplemente di, "Esta es la historia corta."

Esto le dice a los prospectos que seremos breves, que iremos al punto, y que no tenemos tiempo para repugnantes tácticas de ventas. El prospecto se siente en calma, y podemos presentar la historia corta que resume nuestra oferta en 20 segundos.

Aquí hay algunos ejemplos.

"Esta es la historia corta. En lugar de rosquillas, tomas nuestra bebida energética en el desayuno. Ahora puedes cuidar tu peso por el resto de tu vida."

"Esta es la historia corta. Ló único que será diferente es que te enviaremos un recibo más bajo cada mes por tu electricidad."

"Esta es la historia corta. Usa nuestra crema nocturna todas las noches, y no tendrás que escuchar cómo tu piel se arruga mientras estás tratando de dormir."

"Esta es la historia corta. Comienza a trabajar junto conmigo y recibirás un cheque de medio tiempo. Ahora tendrás más dinero cada mes."

## ¿Esta es la única manera de reducir el rechazo o la resistencia?

Imagina una situación extremadamente negativa. Por ejemplo, estamos sentados con nuestro tío fumador de puros, vende-coches-usados. Tose y dice: –Muy bien, hijo. Dame tu mejor argumento de ventas."

Auch. Ya podemos sentir sus juicios y resistencia. Como profesionales, desarmamos a nuestro tío al decir estas palabras: –Bueno, tío, ¿qué te gustaría saber primero?–

Nuestro tío piensa, "Hey, no eres un vendedor. Me vas a dejar hablar. Los vendedores no dejan que las demás personas hablen. Así que si me dejarás hablar, déjame decirte exactamente lo que quiero saber primero."

Y en ese momento, deshabilitamos la resistencia de nuestro tío. Nos dirá exactamente qué pregunta quiere que respondamos primero. No tenemos que adivinar. No tenemos que sacar nuestro panfleto de presentación y sentirnos incómodos. Todo lo que debemos de hacer ahora es relajarnos y escuchar.

¿Recuerdas haber sido víctima de una de esas largas presentaciones de venta?

¿Recuerdas cómo el vendedor habló y habló? Y todo lo que queríamos hacer era una simple pregunta. No escuchamos al vendedor. Estábamos ocupados tratando de recordar nuestra pregunta y buscando una pausa para hablar.

A los prospectos les encanta cuando les preguntamos qué es lo que quieren saber. Los prospectos odian cuando los presionamos con lo que pensamos que necesitan saber.

Si les preguntamos qué es lo que les gustaría saber primero, nunca más nos sentiremos avergonzados de nuevo. Esta simple pregunta hace que sea fácil tener una conversación de mente abierta.

Así que cuando nos sintamos nerviosos, podemos recurrir a esta sencilla pregunta. "¿Qué te gustaría saber primero?"

Aquí está lo que es genial sobre esta pregunta. Podemos usar esta pregunta al comenzar nuestra presentación, al final de nuestra presentación, o incluso durante la conversación antes de que nuestra presentación comience.

Sin estrés. Prospectos felices. Decir las cosas correctas hace que nuestro negocio sea fácil.

# "SI ERES COMO LA MAYORÍA DE LAS PERSONAS..."

Comenzando nuestras conversaciones podemos usar estas palabras: "Si eres como la mayoría de las personas…"

¿Por qué estas palabras? Por que la mayoría de las personas quiere ser como "la mayoría de las personas." Quieren estar en acuerdo con lo que sea que digamos a continuación.

¿Quieres escuchar qué tan agradable suena esto en una conversación?

* "Si eres como la mayoría de las personas, te encantará ser tu propio jefe."

* "Si eres como la mayoría de las personas, estás demasiado ocupado como para perder peso yendo al gimnasio."

* "Si eres como la mayoría de las personas, quieres mantenerte sin arrugas por otros 15 años."

* "Si eres como la mayoría de las personas, tu trabajo interfiere con tu semana."

Estas palabras nos hacen lucir como que podemos leer la mente. Los prospectos asentirán y estarán de acuerdo con nosotros. Esto ayuda a que abran su mente para que puedan escuchar los buenos mensajes que tenemos para ellos.

Cuando los prospectos están de nuestro lado y en acuerdo con nosotros, todo lo demás se hace fácil.

# LA GRAN DECLARACIÓN "SI" QUE VENDE A NUESTROS PROSPECTOS.

Hay una manera de hablar con prospectos que les ayuda a decidir si quieren resolver sus problemas... o no.

Si deciden que quieren resolver su problemática, hemos terminado. Tomaron una decisión antes de que comencemos. Ponlo a prueba. Aquí tienes algunos ejemplos:

- "Si ir a la oficina, pagar las cuentas, y ahorrar el cambio te funciona... genial. Si no, vamos a platicar."
- "Si trabajar para tu jefe, conducir por horas, y recibir pocas semanas de vacaciones cada año te funciona... genial. Si no, deberíamos de conversar."
- "Si hacer dietas, ejercicios, y comer cosas chistosas te funciona... genial. Si no, toma nuestra malteada de desayuno para derretir todas esas calorías extras."
- "Si puedes tolerar estafas y que abusen de ti... no hay problema. Si no, usa nuestro plan legal."
- "Si las pequeñas arrugas y líneas de la edad te hacen lucir bien... disfrútalas. Si no, usa nuestra crema humectante nocturna con rejuvenecedor."
- "Si pasar el resto de tu vida trabajando en el mismo sitio es lo que quieres hacer... está bien. Si no, tomemos un café juntos."

- * "Si pasar los próximos 15 años haciendo pagos de tu préstamo estudiantil es algo que te emociona hacer... no hay problema. Si no, acompáñame a una junta de negocio hoy por la noche."

Mensajes simples. Solamente unas pocas palabras. Y los prospectos se clasifican a ellos mismos inmediatamente.

# TRES GENIALES PREGUNTAS DE PRE-CIERRE QUE PODEMOS HACER.

### Pregunta #1: "¿Estás de acuerdo con...?"

Ayuda a los prospectos a reconocer el castigo por no tomar acción. Ellos prefieren no pensar sobre el castigo. En lugar de eso, se resisten al cambio y evitan tomar acción. Esto significa que nuestros prospectos continuarán sufriendo con el dolor de sus problemas.

Hacemos esta pregunta temprano en nuestra conversación. Esto le da a nuestros prospectos bastante tiempo para decidir, "Sí, necesito solucionar este problema ahora."

Podemos amablemente recordarle a nuestros prospectos que su "no-acción" los puede hacer infelices con una simple pregunta: "¿Estás de acuerdo con...?"

Aquí hay algunos ejemplos:

- "¿Estás de acuerdo con recibir órdenes de alguien más por 40 años?"
- "¿Estás de acuerdo con que alguien te diga cuánto dinero puedes ganar?"
- "¿Estás de acuerdo con sólo unas pocas semanas de vacaciones cada año?"

- "¿Estás de acuerdo con entregar tu libertad para hacer un trabajo que odias?"
- "¿Estás de acuerdo con trabajar en un empleo por el que no sientes pasión?"
- "¿Estás de acuerdo con renunciar a tus sueños para trabajar en los de tu jefe?"
- "¿Estás de acuerdo con tener que rogar por un aumento de sueldo?"
- "¿Estás de acuerdo con sólo un tiempo limitado para viajar?"
- "¿Estás de acuerdo con salir adelante sólo con un cheque?"

## ¿Pero qué hay de nuestros productos y servicios?

Aquí tienes algunos ejemplos:

- "¿Estás de acuerdo con morir de hambre, y luego ver cómo el peso regresa cuando comes de nuevo?"
- "¿Estás de acuerdo con que tu piel se arrugue un poco más cada día?
- "¿Estás de acuerdo con pagar las tarifas de electricidad más altas de la cuadra?"
- "¿Estás de acuerdo en tomar las mismas aburridas vacaciones, y tener que pagar por ellas?"
- "¿Estás de acuerdo con usar cosméticos baratos que te hacen lucir… barata.?"
- "¿Estás de acuerdo con poner químicos dentro de la boca de tus hijos dos veces al día cuando cepillan sus dientes?"

## Pregunta #2: "¿Qué pasaría si...?"

Los prospectos necesitan ver mentalmente los beneficios de nuestra oferta. Podemos colocar estos beneficios en su mente.

¿Pero por qué no hacer más poderosos a esos beneficios? Hagamos que nuestros prospectos creen su propia versión en sus mentes.

Podemos hacer que nuestros prospectos se vendan a ellos mismos y vean los beneficios de nuestra oferta con esta simple pregunta: "¿Qué pasaría si...?"

Aquí hay algunos ejemplos:

- "¿Qué pasaría si no tuvieses que levantarte todas las mañanas para salir a trabajar?"
- "¿Qué pasaría si tuvieses más tiempo para vacacionar con la familia?"
- "¿Qué pasaría si no tuvieses que pasar horas en el tráfico todas las semanas?"
- "¿Qué pasaría si tuvieras un cheque extra cada mes?"
- "¿Qué pasaría si pudieras jubilarte el año siguiente?"
- "¿Qué pasaría si tuvieses un ingreso más grande para tu familia?"
- "¿Qué pasaría si pudieses tomar unas vacaciones de cinco estrellas con los niños?"
- "¿Qué pasaría si tuvieses más tiempo de trabajar en tu sueño?"

# ¿Pero qué hay de nuestros productos y servicios?

Aquí tienes algunos ejemplos:

- "¿Qué pasaría si pudieras perder peso una vez y mantenerlo fuera por siempre?"
- "¿Qué pasaría si te levantaras cada mañana sintiéndote genial, antes de que la alarma suene?"
- "¿Qué pasaría si pudieses tomar vacaciones de cinco estrellas por el precio de una habitación normal de hotel?"
- "¿Qué pasaría si pudieses enviar una tarjeta personalizada por la mitad de lo que cuesta una genérica en la tienda?"
- "¿Qué pasaría si tu lápiz labial se quedara en tus labios todo el día y no tuvieses que preocuparte por retocarlo?"
- "¿Qué pasaría si tu piel se hiciera más joven mientras duermes?"
- "¿Qué pasaría si tu factura mensual de servicios fuese más baja y pudieras tener más dinero para gastar?"

De nuevo, esta pregunta debería de hacerse temprano en nuestras conversaciones. Dale a nuestros prospectos bastante tiempo para que se vendan a ellos mismos.

## Pregunta #3: "¿Qué es lo importante sobre ___ para ti?"

Los prospectos hacen las cosas por sus propias razones. Y enfrentémoslo, los prospectos piensan diferente a nosotros. En muchos casos, nosotros tenemos un negocio, ellos tienen un empleo.

No sabemos cómo o por qué pudieran estar interesados en nuestros productos o negocio. Debemos encontrar esa información para que podamos hacer cierres más efectivos.

Aquí está la pregunta que consigue información sobre las motivaciones de nuestros prospectos: "¿Qué es lo importante sobre ___ para ti?"

Sólo llena los vacíos. Aquí hay algunos ejemplos:

- "¿Qué es lo importante sobre tener un negocio propio para ti?"
- "¿Qué es lo importante sobre tener un cheque extra para ti?"
- "¿Qué es lo importante sobre poder quedarte a trabajar desde casa para ti?"
- "¿Qué es lo importante sobre tener más tiempo libre para ti?"
- "¿Qué es lo importante sobre perder peso para ti?"
- "¿Qué es lo importante sobre ahorrar más dinero para ti?"
- "¿Qué es lo importante sobre ser tu propio jefe para ti?"

Y ahora estaremos hablando sobre lo que nuestros prospectos quieren hablar.

Otra manera de decir esto es:

- "¿Y por qué es importante para ti tener un negocio propio?"
- "¿Y por qué es importante para ti tener un cheque extra?"
- "¿Y por qué es importante para ti trabajar desde tu casa?"

O podríamos hacer la pregunta de esta manera:

* "¿Cuál es la razón más importante por la que quieres renunciar a tu trabajo?"

* "¿Cuál es la razón más importante por la que quieres trabajar desde tu casa?"

## ¿Pero qué hay de nuestros productos y servicios?

Aquí tienes dos ejemplos:

* "¿Y cuál es la razón más importante por la que quieres bajar de peso?"

* "¿Y cuál es la razón más importante por la que quieres recuperar tu energía natural?"

Decide qué pregunta es más natural para ti. Luego, puedes motivar a tus prospectos a dar un paso adelante.

# REMOVER EL MIEDO DE LA MENTE DE NUESTROS PROSPECTOS.

Cuando damos presentaciones, ¿qué miedos tienen nuestros prospectos?

"Necesito encontrar la falla. Si no quiero hacer este negocio, necesito una objeción o una excusa para deshacerme de ti."

Ahora nuestros prospectos están buscando razones para no unirse. Eso significa que no están escuchando las cosas buenas que decimos.

Para resolver este problema, podemos mencionar a nuestros prospectos que está bien que nos digan que nuestro negocio no es para ellos. Y, que no necesitan de una razón para rechazar nuestro negocio. Deberíamos de hacer esto antes de nuestras presentaciones.

Podríamos decirle esto a nuestros prospectos antes de comenzar con nuestra presentación.

"Déjame contarte sobre nuestro negocio. Y al final, puedes decidir si es para ti o no. Eso depende de ti."

Ahora, la presión se ha ido de nuestro prospecto. Se pueden relajar y escuchar lo que tenemos para ofrecer.

## ¿Qué hay de los costos?

¿Los prospectos se preguntan cuánto costará nuestro negocio? Por supuesto. Si piensan sobre el costo durante nuestras presentaciones, no tendremos su atención completa sobre lo que ofrecemos.

Entonces, ¿por qué no decirle a los prospectos cuánto cuesta por adelantado? Genial idea. Aquí está un ejemplo de lo que podríamos decir:

"Antes de mostrarte este negocio, déjame decirte lo que me preocupa. Cuando termine, vas a amar lo que has visto. Pero el costo de iniciar puede ser difícil que entre en tu presupuesto. Déjame preguntar, ¿serían $499 un problema para el presupuesto familiar?"

Esta apertura nos ayuda en varios niveles:

#1. Si esperamos hasta el final para decirle a nuestros prospectos sobre el precio, ¿en qué estarán pensando durante toda la presentación? "¿Cuánto me va a costar?" Ahora, esto no será un problema. Nuestros prospectos ya saben.

#2. Le decimos a nuestros prospectos que les encantará lo que verán. Esto coloca a nuestros prospectos en un marco mental positivo. Ahora nuestros prospectos estarán buscando razones para entrar, en lugar de razones para no entrar.

#3. Si nuestros prospectos no pueden costear $499, es mejor saberlo ahora antes de comenzar nuestra presentación. Si esperamos hasta el final de nuestra presentación para tener esa conversación, habrá demasiada presión. Si sabemos que hay un problema de dinero temprano en nuestra conversación, podemos hablar sobre opciones para recolectar los $499, o ajustar nuestra presentación.

#4. Nuestros prospectos se sienten relajados. Hemos sido honestos y directos al decirles nuestro costo por adelantado. Ahora, todos se pueden relajar durante nuestras presentaciones.

## ¿Cuándo es el mejor momento para resolver los miedos de nuestros prospectos?

Al comienzo, por supuesto.

Hay demasiada presión sobre nuestros prospectos si esperamos hasta el final de nuestra presentación.

# TODO MUNDO AMA UNA HISTORIA.

Especialmente si la historia es sobre ellos. Las historias cortas funcionan mejor que las historias largas. Los prospectos tienen períodos de atención cortos. Pero podemos pre-cerrar a los prospectos antes de nuestra presentación con una historia con la cual se puedan relacionar.

Aquí hay un ejemplo de una historia corta que hace que nuestros prospectos participen.

Nosotros: –Si tu jefe te ofreciera un aumento de $5,000 por año por aprender algunas nuevas habilidades, ¿lo harías?–

Prospecto: –Por supuesto que lo haría.–

Nosotros: –¿Qué hay si tu jefe te ofreciera otros $5,000 extras al año si pudieras enseñarle a tus compañeros de la oficina cómo enseñar esas mismas habilidades a otros compañeros? ¿Cómo te sentirías al respecto?–

Prospecto: –¡Excelente! ¡Eso sería asombroso!–

Nosotros: –Bueno, tu jefe no te hará esa oferta, pero nosotros lo estamos haciendo. Si te unes a nuestro negocio, esto es exactamente lo que te enseñaremos a hacer. Y, si tomas tu tarea seriamente, podrías ganar más que eso.–

Y ahora nuestro prospecto está sentado al borde de su silla, esperando los detalles de nuestro negocio. No hemos todavía comenzado nuestra presentación y nuestro prospecto ya está buscando razones para unirse.

Cuando podemos relacionarnos con los prospectos al ver el mundo a través de sus ojos, ellos ven las ventajas de nuestro negocio o productos.

# ¿POR QUÉ NO DECIMOS ESTO?

Una leche de soya popular se vendía en caja de cartón. Cerca de la apertura, las indicaciones leían:

"Agítese bien y compre con frecuencia."

No muy sutil... pero apuesto que estas pocas palabras bien elegidas generaron repetidas ventas.

¿Revisamos los mensajes que le damos a nuestros prospectos? Por ejemplo, podríamos decir:

"Prueba una botella de nuestras vitaminas y ve si te sientes mejor." Pero supón qué decimos:

"Toma 90 días reconstruir nuestros cuerpos. Prueba nuestras vitaminas por 90 días y ve la diferencia que hacen."

Hmmm. Ahora estamos vendiendo un compromiso de tres meses en lugar de un suministro para 30 días. Pequeños cambios en lo que decimos pueden significar una enorme diferencia dentro de nuestro negocio.

¿Quieres otro ejemplo? Digamos que ofrecemos ahorros en electricidad. Podríamos decir:

"Completa tu solicitud aquí... y gasta tus ahorros sabiamente."

Cuando nuestros prospectos piensen en gastar sus ahorros sabiamente, estarán haciendo un compromiso mental de hacer negocio con nosotros.

¿Otro ejemplo?

Para una oportunidad de negocio:

"Despide a tu jefe y duerme más horas."

Mientras se imaginan durmiendo más horas, sus mentes están haciendo un compromiso de unirse a nuestro negocio.

Podemos ayudar a que nuestros prospectos se enfoquen en nuestros beneficios al seleccionar sabiamente nuestro vocabulario.

# MÁS PREGUNTAS QUE AYUDAN A QUE LOS PROSPECTOS TOMEN SU DECISIÓN – ¡AHORA!

Estamos sentados tomando un café con nuestros prospectos. Nadie está relajado. Sabemos exactamente lo que nuestros prospectos están pensando.

- "¿Qué tal si esto se transforma en un grave error?"
- "¿Estaré tomando una buena decisión o la decisión equivocada?"
- "Vamos a pensarlo un tiempo y quizá algo ocurra y no tenga que hacer el compromiso."
- "¿Qué pasa si lo intentamos y es un desastre?"
- "¿Qué tanto puedo demorar esta decisión?"

Tic, toc, tic, toc. Silencio. Esperamos que nuestros prospectos digan algo o tomen cualquier decisión. Todos quieren seguir adelante.

Pero nuestros prospectos siguen esperando. Tienen miedo. No se dan cuenta de que "no tomar una decisión" es tomar una decisión de mantener las cosas como están. Sí, una decisión de "pensarlo un poco" es realmente una decisión de "no por ahora."

Sabemos esto. Nuestros prospectos no. Nuestros prospectos no se dan cuenta de que cuando retrasan una decisión sobre nuestro negocio, están tomando una decisión de mantener sus vidas iguales.

Mantener sus vidas iguales está bien. Pero, deberían estar tomando conscientemente esa decisión en lugar de que ocurra por defecto.

A menudo recibo la pregunta, "Mi prospecto quiere pensarlo un poco más. ¿Cómo hago que mi prospecto tome una decisión?"

¿Mi respuesta? Yo digo: –Tu prospecto ya tomó su decisión. Tu prospecto tomó la decisión de quedarse donde está, de mantener la vida igual.–

Los prospectos toman la decisión de seguir adelante ahora, o toman la decisión de seguir donde están.

Así que aquí hay algunas preguntas que le podemos hacer a nuestros prospectos. Son preguntas inocentes, no agresivas. Estas preguntas le ayudan a nuestros prospectos a tomar decisiones conscientes sobre lo que es mejor para su vida.

## Aquí está la mejor parte.

No tenemos que hacer estas preguntas al final de nuestra presentación. ¡Podemos hacerlas antes de nuestra presentación!

Estas preguntas reducen la objeción de "tengo que pensarlo." Como bono, también pre-cierran a nuestros prospectos antes de comenzar nuestra presentación.

Aquí está la primera pregunta que podemos hacer.

MÁS PREGUNTAS QUE AYUDAN A QUE LOS PROSPECTOS TOMEN SU DECISIÓN – ¡AHORA!

# "¿Qué pasaría si no te unes a nuestro negocio?"

Por supuesto que nuestros prospectos dirán: –Nada.–

Ahora dejaremos que los prospectos piensen más sobre esa pregunta por ellos. Ellos pensarán:

"Bueno, si nos vamos, nuestras vidas serán las mismas. Mañana tendremos los mismos problemas que tuvimos hoy. Nos levantaremos con el despertador, lucharemos en el tráfico para ir al trabajo, de regreso a casa tarde después de más tráfico, algo de cenar, mirar televisión unos minutos y... dormir. Odiamos esta rutina. ¡Algo debe cambiar!"

No es una muy bella imagen, ¿no es así? Ahora, si los prospectos eligen dejar todo como está, si eligen evitar nuestra oportunidad... está bien. Están tomando su decisión. Y es todo lo que pedimos.

¿Quieres más preguntas como esta? Veamos si alguna de las siguientes preguntas se ajusta a nuestro estilo o situación.

\* "Si no comienzas tu negocio ahora, ¿te ves a ti mismo siempre trabajando para alguien más?"

Esto hará que nuestros prospectos piensen. Quizá harán muecas ante la idea de pedir días de descanso, o no recibir las vacaciones que desean. O, tal vez quieren libertad de tiempo para pasar por sus hijos a la escuela. Posiblemente su reloj biológico los hace una persona nocturna en lugar de una persona matutina. Su reloj despertador puede ser la molestia más grande en sus vidas.

* "¿Qué piensas que ocurrirá el año siguiente si decides no hacer ningún cambio este año?"

Esto puede arrancar su imaginación. Se imaginan sus vidas como en la película Groundhog Day. Todos los días es la misma rutina. Nada cambia.

Para algunas personas, la tediosa seguridad de la repetición es un yunque que los ahoga en la vida. Con desesperación buscan un cambio.

* "¿Piensas que tu rutina en el trabajo (cinco días por semana, tres semanas de vacaciones cada año) cambiará jamás?"

Nuestros prospectos piensan, "Esto suena como recibir una sentencia de por vida. Lo mismo todos los días... y luego, morimos." Tal vez esta pregunta ayude a que sueñen con unas largas vacaciones de verano con la familia.

* "Veo que estás estresado sobre arriesgarte a hacer un cambio en tu vida diaria. ¿Por qué no relajarte y seguir con la vida como es?"

A las personas les gusta estar en desacuerdo en las conversaciones. Si todos estuviesen de acuerdo, las conversaciones serían aburridas. Así que ahora las tendencias de nuestros prospectos serán de estar en desacuerdo con nuestra pregunta. Pueden tratar de convencernos de que sí quieren un cambio.

Siempre es mejor cuando nuestros prospectos se "venden a ellos mismos."

* "No tienes que tomar una decisión de comenzar tu negocio esta noche. En lugar de eso, toma la decisión de no comenzar con tu propio negocio, y continuar con tu rutina laboral por siempre."

De nuevo, los prospectos quieren estar en desacuerdo con nosotros y decir que quieren comenzar su negocio esta noche. Nosotros simplemente señalamos que es tan simple como un "sí" o un "no." Pensarlo más no es una de las opciones.

* "Sabes, podrías estar pensando. 'Mi rutina diaria no es tan mala. Tal vez siga viviendo de esta forma.' Y esa también es una buena decisión. ¿Piensas que eso sería lo mejor para ti?"

De nuevo, los prospectos quieren estar en desacuerdo con nosotros y decir que no quieren continuar con su rutina actual. Al darles permiso de seguir donde están, nos mantenemos en afinidad. Los prospectos nos aman, y pueden pensar, "Hey, ¡me encantaría trabajar contigo!"

* "¿Estaría bien si nunca tuvieras que ir a trabajar de nuevo?"

Wow. Ahora nuestros prospectos están soñando de nuevo. Piensan, "No he soñado desde la preparatoria. Me ocupé en ganarme la vida. ¿Qué hay de esos sueños que tenía? Si no tuviera que ir a trabajar para ganarme la vida, podría regresar a la escuela y conseguir mi título en música. O, ¿qué tal ir de mochilero por el mundo durante meses?"

La mayoría de las personas quieren hacer cosas emocionantes antes de morir. Pero no pueden. ¿Por qué? Por que tienen que ir a trabajar.

Nuestros prospectos están pensando, "Espero que la oportunidad que me mostraste me pueda dar tiempo libre del trabajo para que pueda ir por mis sueños."

\* "¿Cuántos días más puedes aguantar en el tráfico?"

El mejor momento de hacer esta pregunta es inmediatamente después de que se quejen sobre el tráfico y lo que hacen para ir a trabajar.

Las personas toman decisiones para ganar cosas en sus vidas. Pero también toman decisiones para evitar cosas en sus vidas. Pueden detestar luchar en el tráfico tanto que harán lo que sea para eliminarlo de sus vidas. Podríamos ser esa solución para ellos.

\* "La vida no es para siempre. ¿Qué es lo que te gustaría hacer realmente?"

¿Cuántas personas que conocemos están atrapadas en sus circunstancias actuales? Sienten que deben de mantener sus empleos para hacer los pagos mínimos en sus tarjetas. Renuncian a las esperanzas y esperan la muerte. Olvidan todos esos sueños de viajes, y pasar tiempo con la familia.

¿Pero qué tal si alguien ofreciera una oportunidad de cambiar todo eso? Ese alguien podríamos ser nosotros.

\* "¿De qué otra manera vas a conseguir esos $300 extra al mes que necesitas para no atrasarte en las cuentas?"

Ahora hacemos que nuestro prospecto salga con soluciones alternativas. ¡Oh, espera! Ellos no tienen soluciones alternativas.

Ahora nuestros prospectos se dan cuenta de que su mejor oportunidad de una vida mejor está con nosotros.

* "¿De qué otra manera piensas que puedes eliminar cinco kilos al mes?"

¡Rayos! A menos que nuestros prospectos estén alucinando, no tienen un plan. Bien, tenían planes antes, pero ninguno funcionó. Es por eso que están luchando contra su peso ahora. Sienten que deben comprometerse con nuestra solución.

* "¿De qué otra manera piensas que puedes evitar que tu piel se arrugue más todas las noches?"

Nuestros prospectos no son dermatólogos. No conocen las últimas investigaciones científicas ni opciones para el cutis. Nada ha funcionado hasta ahora. Siguen en busca de soluciones. Es por eso que están hablando con nosotros. Deberían tomar nuestras recomendaciones.

* "¿De qué otra manera puedes romper el patrón de las semanas de trabajo de seis días?"

Los prospectos se atrapan a sí mismos. Grandes hipotecas, pagos del auto, muebles, seguro, estilo de vida, comidas fuera, seguir el ritmo de los amigos... y sus cheques no pueden mantenerlo todo. Se sienten estancados al trabajar más y tener menos tiempo para disfrutar de la vida. Romper este ciclo vicioso es duro, pero podemos ofrecer una salida.

Todas estas preguntas le recuerdan a nuestros prospectos que el dolor de su problemática no se irá al retrasar una decisión.

Hagámoslo fácil para nuestros prospectos.

Recuérdales hacer una decisión consciente sobre su futuro.

Y recuerda, esta técnica está libre de rechazo.

No estamos apegados al desenlace. No somos responsables por las decisiones que toman en sus vidas.

Nosotros solamente estamos obligados a darle a nuestros prospectos las opciones.

El resto depende de ellos.

# NO SON LOS DATOS. A VECES ES LA HISTORIA ANTES DE LOS DATOS.

A principios de 1970, me encontraba vendiendo vitaminas. Nadie quería vitaminas. ¿Orgánico? ¿Todo natural? ¿A quién le importaba? Si no quieres vitaminas, no importa qué tan buena calidad tengan.

La idea de salud y nutrición era demasiado nueva. Las personas creían que la salud provenía de los antibióticos. Las personas no estaban muy preocupadas con su salud y su bienestar, pero si les importaba estar gordas. Querían perder peso y verse bien.

¿Mis pensamientos? "Bueno, si no puedo hacer que nadie se interese en vitaminas, quizá pueda reposicionar mis vitaminas como productos de dieta."

Aún así tenía un problema. Hablar sobre proteínas, carbohidratos y grasas era aburrido. Los datos son tediosos. Es por eso que odiamos a los vendedores que descargan datos sin cesar sobre nosotros.

¿Mi solución?

Comenzar mi propio club de dietas. No un club oficial, sino algo más informal. ¿Por qué? Por que no tenía presupuesto. Ni oficina, ni gimnasio. No tenía ni un folleto.

Así que esto fue lo que hice.

Le dije a una de mis clientas "más grandes" de vitaminas: –¿Te gustaría ser anfitriona de un club gratuito de dietas en tu casa?– Ella dijo: –Sí. ¿Puedo invitar a algunas de mis amigas? Es gratuito, ¿verdad?– Me leyó la mente.

Acordamos en un club de dietas de martes por la mañana. Para hacer divertido el club, les expliqué cómo sería más un evento social.

La primera reunión tuvo seis miembros –mi clienta original de vitaminas y cinco de sus vecinas.– Llevé mi báscula y todas hicieron "el pesaje" para establecer el peso inicial. Tenían dudas sobre "el pesaje" hasta que expliqué que así era como seleccionaríamos a la ganadora de cada semana.

La diversión continuó. Hice una conferencia de 30 segundos sobre cómo luciría un ejercicio si alguna vez llegaran a ver uno. Sonrieron y se sentaron, platicaron, bebieron café, y se hartaron de magdalenas.

¿Magdalenas? Sí. Cada semana los miembros traían sus postres favoritos. Era como un mini bufete de postres en cada reunión del club de dietas.

La siguiente semana, todas se pesaban. Queríamos ver quién había perdido más peso desde la semana pasada. La ganadora perdió casi medio kilo y recibió el preciado trofeo. Ahora teníamos una amistosa competencia. Todas querían ser la ganadora, así que hacían trampa. Una semana usaban botas pesadas y un abrigo grueso, y la siguiente semana usaban la ropa más ligera que podían encontrar. Todos nos reíamos por las maneras creativas que usaban para ganar el trofeo.

Este era un "trofeo viajero." Sólo tenía un trofeo. La ganadora del trofeo de la semana pasada tenía que traer el trofeo de regreso y otorgárselo a la ganadora de esta semana.

¿Mencioné las vitaminas? No.

¿Repartí folletos de vitaminas? No.

La historia continúa.

En cada reunión yo pasaba uno o dos minutos explicando algunos consejos de alimentación o un ejercicio. Luego, nos comíamos el bufete de postres. Las amigas se quedaban y conversaban. Todos pasaban un buen rato.

Los miembros del club de dietas apreciaban que yo organizara el club, trajera la báscula, y comprara el trofeo viajero. Preguntaban sobre mis vitaminas y las compraban de vez en vez. Tal vez pensaban que las vitaminas anularían el cheesecake de tiramisú y las rosquillas de chocolate. Pero cada semana entregaba vitaminas cuando iba al club de dietas.

¿Perdieron peso? No mucho. Nada en algunos casos. Y sí, algunas ganaron más peso. Pero orgullosamente le decían a sus esposos y amigos que eran miembros de un club de dietas semanal. Yo sé que estaban más saludables por tomar las vitaminas que ordenaban.

¿Y yo? Gané algunos kilos por las juntas del club de dietas.

Ya sé lo que estás pensando. "¿No les dijiste sobre lo maravillosas que eran las vitaminas? ¿No les dijiste sobre las investigaciones, la calidad, la cantidad de vitamina B2, y la cobertura natural? ¿Cómo pudieron tomar la decisión de comprar cuando no les diste una presentación?"

Bueno, ¿recuerdas el principio de este libro?

Las personas no toman decisiones basadas en los datos. Y toman decisiones antes de que la presentación comience. Ahora esto tiene sentido.

Era todo lo que decía ANTES lo que hacía la diferencia. Al final de la reunión oficial del club de dietas, los miembros simplemente compraban vitaminas.

¿Qué fue lo que dije? Usé "soundbites," frases pegajosas, palabras visuales y frases descriptivas que creaban afinidad, pre-vendían y pre-cerraban a los miembros. ¿Quieres ver algunas de las palabras que esparcía en la conversación? Mira si estas palabras despiertan un interés sobre salud y dietas en tu mente.

Quería crear afinidad y confianza. Así que dije: –Esta ensalada es comida de conejos. Genial para los conejos, pero no muy satisfactoria para los humanos.–

Y los miembros pensaban, "Oh wow. Él piensa exactamente como nosotros."

Mencioné frases como:

- "Cintura de muffin."
- "Pellizca una pulgada."

- "Adelgaza en un parpadeo."
- "Muslos de queso cottage."
- "Agarraderas del amor."
- "Orca con patas."

Ellas pensaban, "Oh mi cielo, eso es malo. Debo de hacer dieta."

Les daba algunas palabras de esperanza como:

- "Mata-calorías."
- "Fuerza de voluntad encapsulada."
- "El asesino de la grasa."
- "El mejor bloqueador de grasa."
- "Pérdida de peso sabor chocolate."
- "Comienza con una malteada sabor chocolate para el desayuno."

Incluso les daba una visión del éxito diciendo:

- "Entra en tus jeans ajustados."
- "Convierte tu cuerpo en una máquina quema-grasa."

Cuando quise expandir y comenzar más clubes de dieta, requería de algunos nuevos distribuidores para ser anfitriones. Yo agregaba estas palabras a mi conversación con los miembros: "Billeteras más gordas, muslos más delgados." Tenían la idea de, "¡Hey! Puedo ganar dinero y adelgazar al mismo tiempo."

## ¿Efectivo?

Al instante. Las palabras visuales, frases cortas y memorables hacen que los prospectos tomen acción.

Doy este ejemplo en mis talleres en vivo sobre cómo una pequeña frase puede hacer que los prospectos tomen acción:

Imagina que estoy en una dieta con una dama. Al final de nuestra cena romántica, ordenamos un postre para compartir. El mesero nos trae nuestro postre, pilas y pilas de helado de chocolate. Ahora, el helado es mi comida favorita en todo el mundo. Adoro el helado. También, creo que el chocolate es uno de los cuatro grupos de alimento más importantes. ¿Mi primer pensamiento? "Compartir pasó de moda."

Pero esta es una cena romántica. Tenemos que compartir. Pero, yo quiero todo ese helado. ¿Cómo puedo hacer que ella tome una decisión de que está bien si yo me como el 100% de este delicioso postre de helado?

Bueno, no hay tiempo para presentaciones de venta. Seguro, podría hablar sobre los beneficios de una buena salud, el contenido de calorías del helado, cómo las grasas saturadas causan endurecimiento de las arterias, cómo el contenido de azúcar conduce a la diabetes... pero el helado se derretirá durante mi presentación. Debo de actuar rápido. Debo de usar... ¡un soundbite!

Mientras el mesero se retira de la mesa, observamos el hermoso monte de helado de chocolate. Yo simplemente digo: – Este helado se verá mucho mejor en tus caderas que en las mías.–

Listo. Tengo todo el helado. ¡Hecho!

Podrías pensar, "Pero si usaste ese soundbite, ¡nunca más tendrás otra cita con esa mujer!" Es verdad. Pero vamos a enfocarnos. Esto se trata sobre quién obtiene el helado. Debemos de tener prioridades en nuestras vidas.

## Así que, ¿sin presentaciones?

Sin presentaciones. Todo sucedía en las conversaciones durante los clubes de dieta. Las pequeñas palabras y frases pre-cerraban a los miembros y compraban mis vitaminas, se hacían saludables e intentaban perder peso.

## ¿Pero qué hay de otros productos?

Hagamos más ejemplos de soundbites, palabras visuales, y frases descriptivas que pre-cierran a los prospectos.

## Cuidado del cutis y cosméticos.

¿Qué podríamos decir temprano en nuestras conversaciones que podrían hacer que los prospectos quisieran productos para el cuidado del cutis ahora?

* "No quería que mi rostro se viera más viejo de lo que soy." ¡Auch! Eso obtiene una respuesta emocional de inmediato. Incluso cuando decimos estas palabras sobre nosotros, nuestros prospectos imaginan la conversación en sus cabezas. Esto hace más fácil vender la "prevención."

* "Bueno, tú sabes cómo el maquillaje barato nos hace lucir... baratas." ¿Qué piensan nuestros prospectos? En su mente, se visualizan luciendo no tan bien con su maquillaje barato. Invertir en maquillaje de mejor calidad tiene sentido.

* "No quiero lucir como mi abuela, una arruga menos que una ciruela pasa." Bueno, tampoco nuestros prospectos. Ellos recuerdan estas palabras por el humor. Y hacen una decisión inmediata para prevenir arrugas. Vender cremas humectantes es fácil.

\* "Nadie quiere salir de casa como recién graduado de la escuela de maquillaje para payasos." Tampoco nuestros prospectos. Ahora se quieren asegurar de que su maquillaje está coordinado, y no es una selección al azar salida del barril de descuentos y liquidaciones en la tienda.

## ¡Más frases pegajosas, por favor!

Esparcir algunas frases pegajosas dentro de nuestra conversación hace que los prospectos decidan, "Sí, yo quiero eso."

Y todo esto es antes de nuestra presentación.

Aquí hay algunos ejemplos para cuidado del cutis y cosméticos.

- "Pestañas de lujo, naturales, sin usar pegamento."
- "Se siente tan suave, como trasero de bebé."
- "Lucirás como modelo profesional en menos de 7 minutos."
- "Cómo evitar las arrugas por otros 20 años."
- "Serás quien más joven se vea en la reunión de ex-alumnos."
- "Un bronceado de todo el año sin tener que hornearte al sol."
- "Contracción de arrugas."
- "Nos hace ver como la hermana menor."
- "Hace nuestra piel más joven todas las noches mientras dormimos."

## ¿Puedo usar las mismas técnicas para productos de salud?

Por supuesto. Comencemos dando un vistazo a algunas frases malas. Deberían ser fáciles de reconocer; son aburridas, y asesinan nuestras oportunidades de venta.

* "Nuestro multivitaminas contiene superóxido de dismutasa para descomponer moléculas de oxígeno potencialmente dañinas en nuestras células. (Oh, eso suena emocionante, ¿verdad?)

* "Nuestro científico ganó un premio una ocasión y puede darle una paliza a tu científico." (¿Me estás diciendo estúpido y que compré algo de un ignorante?)

* "Nuestros ingredientes no sólo son naturales, sino sobrenaturales. Nosotros le ponemos la "O" a lo orgánico." (¿Demasiado sensacionalismo? Y huelo el guión de ventas.)

* "Nuestros procesos de manufactura de grado farmacéutico están certificados con ISO." (¿Y eso qué?)

* "Nuestras malteadas premium de proteína contienen aminoácidos balanceados y son libres de gluten y libres de azúcar. Al eliminar los carbohidratos de sobra, podemos ayudar a manejar los niveles de azúcar en la sangre. Esto respalda un manejo del peso más saludable." (La mayoría de los prospectos sólo quieren saber si las malteadas tienen buen sabor.)

* "Nuestras fórmulas son únicas, patentadas, registradas, y propietarias." (¡Qué sueño!)

Si, estas frases son terribles. Los distribuidores que usan estas frases tendrán que quedarse en sus trabajos de oficina... por siempre.

## Suficientes malas frases. Veamos cómo pueden mejorar las conversaciones.

Distribuidor: –Ayudo a los mayores de 50 a vivir más tiempo. ¿Te gustaría saber más?–

Prospecto: –Oh sí. Dime más, por favor.–

¿Cuál es la decisión que ha tomado nuestro prospecto? Es obvio.

Nuestro prospecto piensa, "Sí, quiero vivir más tiempo. Tú me puedes ayudar. Quiero lo que estás ofreciendo."

Y sí, todo esto ocurre antes de nuestra presentación de venta.

\*\*\*

Distribuidor: –Los niños están expuestos a todo tipo virus y enfermedad conocida cuando van a la escuela. Le muestro a las mamás cómo proteger a sus hijos al fortalecer su sistema inmune. ¿Te gustaría saber más?–

Madre: –Sí. ¿Cómo funciona eso?–

\*\*\*

Distribuidor: –Envejecer... ¡duele! Le ayudo a las personas a solucionarlo. ¿Te gustaría saber más?–

Prospecto: –Sí, dímelo ahora.–

*\*\**

Distribuidor: –Hay demasiado estrés estos días. Algunas veces, nos casamos con el estrés. Tengo algo que puede ayudar. ¿Te gustaría saber más?–

Prospecto: –Sí. Dime más… ¡ahora!–

Las conversaciones antes de las presentaciones son donde la mayoría de los prospectos toman sus decisiones finales. No son los tediosos datos lo que los hace decidir.

## Pero queremos algunos soundbites que podamos usar también en nuestras conversaciones.

Aquí hay algunos soundbites sobre salud que podemos utilizar en cualquier conversación con prospectos. Por supuesto, el mejor lugar para usar estos soundbites es temprano en nuestras conversaciones, cuando nuestros prospectos están tomando su decisión final.

- "Energía instantánea en una cápsula."
- "Enciende tu energía y te convierte en una súper-mamá."
- "Morir pronto no es conveniente." (Sí, los prospectos sonríen, pero están de acuerdo.)
- "Si no cuidamos nuestro cuerpo, entonces, ¿dónde vamos a vivir?"
- "Podemos sentirnos como de 16 de nuevo, pero esta vez con mejor juicio."

- "Podemos ahorrar mucho dinero en nuestras vitaminas simplemente muriendo pronto." (Bueno, un poco cruel, pero ayuda con la objeción del dinero después.)
- "Queremos más energía que nuestros nietos, para que nos digan '¡Abuelo, abuelo! Más despacio, ¡nos dejas atrás!'"
- "Uno de los primeros síntomas de enfermedad cardíaca es la muerte instantánea." (Un poco dramático, pero hace pensar a los prospectos. Estamos ayudando a nuestros prospectos a enderezar sus prioridades.)
- "Despierta cada mañana sintiéndote como millonario."
- "Cae dormido a los diez minutos de que que tu cabeza toque la almohada."

## ¿Pero qué hay de soundbites para mi oportunidad de negocio?

Está bien. Ahora sabemos que las frases cortas y los soundbites, temprano en nuestras conversaciones, pre-cierran a nuestros prospectos.

Vamos a tomarlo en serio. Queremos acumular una librería entera de estas frases y soundbites.

- "Almacenar a nuestros bebés en la guardería." (Sí, esto hace que las madres se estremezcan cuando lo escuchan. Tal vez se sienten culpables. Tal vez toca la fibra de que quieren estar en casa con sus hijos, pero no tienen un plan para que eso suceda.)

- "Despertar al mediodía." (Obviamente, sólo para personas que aman seguir despiertos hasta las altas horas de la noche.)
- "Los trabajos interfieren con nuestra semana." (Esto le toma a nuestros prospectos un momento para procesar, pero lo recordarán por siempre.)
- "Duplica tu pensión en sólo nueve meses." (Hace que el grupo de mayores de 50 se emocione, por que el retiro está tan cerca que parece real.)
- "No queremos trabajar 45 años como nuestros padres."
- "Le llamamos a nuestro negocio el silenciador de jefes."
- "Convierte nuestras mentes en imanes de riqueza."
- "Le llamamos a nuestros cheques de medio tiempo 'mata-hipotecas.'"
- "Nuestra oportunidad de ir de lo trágico a lo mágico."
- "Dejar la carrera de la rata."
- "Tomar fines de semana de cinco días en lugar de dos."
- "Si nos reunimos con cuatro personas quebradas, podemos garantizar que seremos la número cinco."
- "¿La recompensa por invertir $200,000 en un título universitario? 45 años de trabajo duro."
- "Jefe vampiro chupa-sueños, que nos quita pedacitos de cerebro todos los días, convirtiéndonos en zombies humanos."

Pequeñas frases y soundbites temprano en nuestra conversación, es lo que los prospectos usan para tomar decisiones.

# LA OBJECIÓN SECRETA.

Las objeciones son más fáciles de responder cuando las mostramos antes de comenzar nuestras presentaciones. Aquí está una objeción común que nuestros prospectos rara vez verbalizan.

Sí, piensan en esta objeción, pero casi nunca nos dicen. ¿Por qué no resolver esta objeción para ellos pronto? Entonces se pueden relajar durante nuestra presentación.

¿Cuál es esta objeción secreta?

## "¿Pero que tal si fracaso?"

Los prospectos tienen miedo de tomar la oportunidad de construir sus carreras en redes de mercadeo.

Hay mucha incertidumbre en las vidas de nuestros prospectos. Tienen un empleo ahora. ¿Ese empleo está asegurado para siempre? Por supuesto que no. Esta inseguridad le ocasiona estrés a nuestros prospectos.

El 100% del ingreso de nuestros prospectos depende de la existencia de su trabajo. Los prospectos no son estúpidos. Ven las noticias. Fusiones, adquisiciones, recortes de personal, y reemplazar empleados experimentados con buen sueldo por empleados en entrenamiento con sueldos más bajos es común. Esto asusta a nuestros prospectos.

Para construir afinidad, estaremos en acuerdo con nuestros prospectos de que estos riesgos existen. Ahora nuestro negocio de redes de mercadeo luce más como una red de seguridad en lugar de un riesgo. Tener un ingreso más, tiene sentido.

Otro modo de ilustrar esto es decir: "Si perdemos nuestro empleo, puede que no seamos capaces de encontrar otro. Pero en los negocios, si nuestro negocio no funciona, siempre podemos comenzar otro negocio. Tener nuestro propio negocio por lo menos nos da más opciones."

Tener fracasos iniciales está bien. Toma tiempo aprender cómo construir un negocio. Sentirnos inseguros sobre nuestro éxito es perfectamente normal. La mejor manera de comunicar esto es con una historia corta. Aquí hay un ejemplo que podemos ajustar para encajar con nuestros prospectos:

"Imagina que queremos aprender cómo montar una bicicleta. Tenemos el deseo, pero no las habilidades. ¿Sabemos exactamente cómo montar la bicicleta antes de comenzar? Ciertamente no. Comenzamos antes de saber cómo. Pero con el tiempo, aprendemos. Habrá algunos fracasos temporales en el camino, pero aprendemos y nos convertimos en ciclistas exitosos."

Después, recuerda a nuestros prospectos que la compañía no espera que sepan cómo funciona el negocio antes de que comiencen. Por supuesto que todo luce difícil al comienzo, por que no hemos aprendido nada aún. Ayudamos a que nuestros prospectos se sientan mejor al decir que la compañía tiene entrenamientos, además tienen un patrocinador –nosotros. Y como su patrocinador, podemos hablar con ellos paso a paso hasta que aprendan las habilidades que necesitan saber. Esto le da confianza a los prospectos. ¿Por qué? Por que ya hemos aprendido cómo trabajar el negocio.

Para recapitular, vamos a relajar a nuestros prospectos. Déjales saber que es normal sentir inseguridad. No han aprendido nada aún. Está bien tener fracasos temporales durante el camino. Así es como los niños aprenden a caminar. Y finalmente, con el entrenamiento de la compañía, y con nuestra ayuda, se pueden sentir seguros de que con el tiempo, harán su negocio exitoso.

Si nuestros prospectos saben todo esto, se sentirán más emocionados sobre las posibilidades de nuestro negocio, inclusive antes de comenzar nuestra presentación.

## ¿Cuál es otra manera de ayudar a nuestros prospectos a superar su miedo a las posibilidades de fracaso?

Ayudamos a que nuestro prospecto se enfoque en estos dos hechos:

1. Otras personas han tenido éxito.

2. Estas personas no tenían las habilidades cuando comenzaron, pero aprendieron.

¿En qué está pensando el prospecto? "Bueno, si otras personas tuvieron éxito, seguramente es posible. Estas personas probablemente tenían los mismos miedos. Tampoco sabían como trabajar este negocio."

Podemos comunicar esto a nuestro prospecto con esta pequeña afirmación:

"Yo sé que puedes ser muy exitoso en este negocio, sólo que no sé qué tan rápido."

Después, explicamos que todos los que comienzan se sienten inseguros y sin preparación. Nadie espera que sepamos las habilidades de una nueva profesión antes de comenzar. Aprendemos las habilidades con el tiempo. Le recordamos a nuestro prospecto, "Por favor no juzgues tu éxito futuro basado en lo que sabes actualmente. Te sentirás mejor cuando sepas más después del entrenamiento."

Cuando los prospectos pregunten, "¿Y cuánto tiempo me tomará tener éxito?"

Podemos responder, "Eso depende de qué tan rápido aprendamos las nuevas habilidades, y qué tan rápidamente conozcamos personas nuevas."

# MÁS PALABRAS MÁGICAS QUE DESARMAN PROSPECTOS NEGATIVOS.

Algunas ocasiones necesitamos buenas palabras para salvar una situación incómoda.

Imagina nuestra peor pesadilla. Nos sentamos con nuestro pomposo vecino sabelotodo. Queremos hablar con él sobre nuestro negocio.

Nuestro vecino se reclina en el respaldo de su silla y dice, "¡Muy bien! Dame tu mejor guión de ventas." Auch. Esto sería un comienzo feo. Un vecino escéptico, negativo y de mala cara.

¿Por dónde comenzamos? ¿Le mostramos un video de 20 minutos sobre la compañía? ¿Sacamos la presentación de PowerPoint? Hacer esto sólo invitaría sarcasmo y críticas de nuestro presumido vecino.

Debemos usar un conjunto de palabras que neutralice la terrible actitud de nuestro vecino. Nuestro vecino espera una presentación de ventas. Su medidor de resistencia está sobrecargado. Si no tenemos algunas palabras mágicas, estamos muertos.

## No hay problema para nosotros.

Nosotros sabemos como hacer pre-cierres. Podemos desactivar la alarma contra vendedores y el escepticismo de casi cualquiera con esta frase:

"Antes de mostrarte cómo funciona esto, déjame decirte lo que me pasó a mí."

Cuando decimos esta frase, ¿qué ocurre en la mente de nuestro vecino?

Estas palabras le dicen a nuestro vecino que la presentación de ventas no ocurrirá sino hasta... después. Inmediatamente, nuestro vecino deja de lado su alarma contra vendedores, su escepticismo, su filtro demasiado-bueno-para-ser-verdad, y sus programaciones negativas.

Adivina qué es lo que nuestro vecino piensa cuando decimos, "Déjame decirte lo que me pasó a mí."

Dentro de la mente de nuestro vecino una vocecita dice, "¿Historia? ¿Me vas a contar una historia? Me gustan las historias. Por favor cuéntame una historia."

Todos aman las historias. Tenemos programas internos que nos ordenan a escuchar las historias.

Piensa en esta situación.

Estamos en el trabajo. Caminamos al lado de tres o cuatro compañeros. Uno de ellos está relatando una historia. ¿Qué es lo que nuestra mente subconsciente nos ordena que hagamos? Detenernos y escuchar la historia. Tenemos un pequeño programa en nuestra mente que dice, "Si alguien, en algún lugar, en algún momento, está contando una historia, tenemos que detenernos y escuchar la historia hasta el final. No podemos continuar por la vida hasta saber cómo termina la historia."

Nuestro negativo vecino está ahora concentrado en la historia, y no está concentrado en hacer miserable nuestra existencia.

Las historias son irresistibles para la mente humana. Es por eso que nos gustan las películas de Hollywood, los libros, y los chismes. Los niños pequeños, desde el momento que pueden articular una oración, dicen: –Mami, Papi, por favor, cuéntame una historia.–

Nuestro negativo vecino no tiene defensa. Su mente se enfoca en la historia. Olvida sus sentimientos de negatividad hacia nosotros y nuestra presentación.

## ¿Qué podemos poner en nuestra historia?

1. Podemos contar la historia de cómo éramos escépticos, pero nuestra experiencia demostró que era un gran negocio.

2. Podemos contar la historia sobre cómo tuvimos una gran experiencia con nuestro producto.

3. Podemos contar la historia sobre cómo nuestra vida era antes de nuestro negocio, y cómo la vida es ahora.

4. Podemos contar la historia que alguien más nos contó sobre su éxito en nuestro negocio.

¿Qué ocurre dentro de la mente de nuestro vecino cuando contamos las historias? Sus pensamientos son arrastrados hacia nuestra historia. Se ve a sí mismo dentro de la historia. Nuestras historias podrían ser suficientes para obtener un "sí" de nuestro vecino inmediatamente.

## ¿Quieres un ejemplo?

Nuestro vecino dice: –Muy bien. ¿De qué se trata todo esto?–

Nosotros respondemos: –Antes de mostrarte cómo funciona, déjame decirte lo que me pasó a mí.–

Nuestro vecino dice: –¿Qué te pasó?–

Contestamos: –Bien, ¿tú conoces a John? Él nunca ahorró nada para el retiro. Yo no quería ser como él. Cuando miré este negocio de medio tiempo, me emocioné. Este negocio podría darme un gran ingreso de medio tiempo por el resto de mi vida. No tendría que preocuparme por los programas de pensión de la compañía, o beneficios del gobierno. Todo lo que tendría que hacer es comenzar correctamente este negocio. Luego, podría recolectar dinero cada mes por el resto de mi vida. Es por eso que estaba tan emocionado de compartir esto contigo. Pero de cualquier modo, déjame mostrarte cómo funciona este negocio.–

Acabamos de entregar nuestros mejores beneficios sobrepasando los programas negativos de nuestro vecino, directamente a su mente. Eso fue muy fácil.

Y la mejor parte es, deshabilitamos todas sus defensas negativas. Todo esto ocurrió, incluso antes de comenzar nuestra presentación.

# HACIENDO QUE NUESTROS PROSPECTOS SE ENFOQUEN EN RESOLVER SUS PROBLEMAS.

El propósito de los negocios es resolver los problemas de las personas.

¿Pero qué tal si las personas no están pensando sobre sus problemas? Entonces deberíamos hacer que se enfoquen. Cuando sus problemas están frente a sus mentes, querrán resolver esos problemas.

¿Cómo hacemos que se enfoquen?

Fácil. Sólo comienza con estas palabras: "Piensa en tu situación actual..."

Por ejemplo:

"Piensa en tu situación actual. Cada mes recibes un cheque. Después de pagar la hipoteca, el coche, las tarjetas de crédito, impuestos, el seguro, alimentación y todo lo demás... ¿cuánto recibes por entregar un mes completo de tu vida trabajando para alguien más?"

¿Ahora en qué están pensando nuestros prospectos? Por supuesto que quieren resolver ese problema. Quieren una solución ahora. No tenemos que venderles una solución con datos, videos y estadísticas. Todo lo que quieren es resolver su problema... y estamos ahí con la solución.

## ¿Qué otras frases de apertura podemos usar?

- "Piensa en tu situación actual. Cada mañana que suena el despertador..."
- "Piensa en tu situación actual. Cada vez que la factura eléctrica llega por correo..."
- "Piensa en tu situación actual. Cada mañana cuando te subes a la báscula..."
- "Piensa en tu situación actual. Cada vez que se satura el tráfico camino a la oficina..."

Después, termina la historia. Nuestros prospectos verán una película en sus mentes sobre esta terrible situación.

Cuando los prospectos quieren resolver sus problemas, ansiosamente buscarán por soluciones, incluso antes de que comencemos con nuestra presentación.

# LA MAYORÍA DE LAS PERSONAS AMA CÓMO ESTO PRE-CIERRA PROSPECTOS.

En nuestro libro *¡Cómo Obtener Seguridad, Confianza, Influencia y Afinidad al Instante! 13 Maneras de Crear Mentes Abiertas Hablándole a la Mente Subconsciente,* hay una frase importante. La frase es "la mayoría de las personas." Esta frase es muy efectiva en nuestros esfuerzos de pre-cierre.

Cuando decimos "la mayoría de las personas," ¿qué ocurre en la cabeza de nuestros prospectos? Sus programas automáticos se activan. Sus programas dicen que quieren ser parte de la mayoría de las personas.

¿Por qué? Debido a que quieren sobrevivir. Los humanos en el pasado aprendieron que si eran solitarios, sus oportunidades de supervivencia eran más bajas. Es por esto que naturalmente iremos a un restaurante abarrotado en lugar de uno vacío. Si descubrimos una bayas nuevas, queremos que alguien más las pruebe primero. No queremos caminar por un callejón oscuro tarde por la noche solos. Queremos caminar en grupo.

¿Supervivencia? Para nosotros, eso significa permanecer en el grupo, estar seguros, dejar que otras personas vayan primero, y evitar los riesgos.

Cuando conocemos prospectos, la programación de sus mentes también está diciendo, "¡Sobrevive! Evita los riesgos. Permanece seguro. Quédate con el grupo."

Cuando decimos las palabras "la mayoría de las personas," sus mentes corren un programa que dice algo así:

"Mayoría de las personas. ¿Soy parte de la mayoría? ¿O soy parte de la minoría? No hay muchas personas dentro del grupo de pocas personas, así que tengo que estar en el grupo de la mayoría de las personas. Así que si soy parte de la mayoría de las personas, pienso como la mayoría de las personas. Hago cosas como la mayoría de las personas. ¡Soy el tipo de persona como la mayoría de las personas!"

Siente qué tan rápido ocurren las decisiones en nuestras mentes cuando decimos cosas tales como:

- "La mayoría de las personas prefieren el modelo azul que el rojo."
- "La mayoría de las personas que pide la crema también pide el jabón."
- "La mayoría de las personas se siente más segura cuando tiene dos cheques al mes."
- "La mayoría de las personas quiere más dinero."
- "La mayoría de las personas está cansada de perder tiempo conduciendo al trabajo."

Podemos sentir una decisión instantánea de "sí" en nuestras mentes cuando escuchamos frases como estas. Así que en el comienzo de nuestras conversaciones con nuestros prospectos, podemos insertar una frase de "la mayoría de las personas" para ayudar a cerrar previamente a nuestros prospectos.

## ¿Quieres un ejemplo?

"La mayoría de las personas a las que les muestro este negocio se emocionan y quieren unirse."

Oh, eso fue fácil. ¿En qué están pensando nuestros prospectos? Ellos piensan, "Soy parte de la mayoría de las personas. Estoy seguro que me emocionaré sobre este negocio y querré unirme." Toda esta oración pasa bajo el radar, antes de la presentación. Esta frase abre las mentes de nuestros prospectos para que puedan ver las razones para unirse, en lugar de las razones para no unirse.

¿Pre-cierres? Es fácil si decimos las palabras correctas. En algunos casos, los pre-cierres abren las mentes de nuestros prospectos. En otros casos, nuestro pre-cierre le ayuda a los prospectos a tomar su decisión final incluso antes de que comencemos nuestra presentación.

# LOS PRE-CIERRES FUNCIONAN.

De todas las técnicas de pre-cierre de este libro, ¿has encontrado por lo menos una que funcione para ti? No tenemos que usar todas las técnicas, pero deberíamos usar por lo menos una de ellas.

Entre más técnicas dominamos, más opciones tendremos cuando hablemos con prospectos.

Así que en lugar de preocuparnos por los cierres de alta presión, los rechazos, y las súplicas por las decisiones de nuestros prospectos, usaremos técnicas de pre-cierre para conseguir decisiones inmediatas a nuestro favor.

Recuerda, todas las técnicas en este libro funcionan mejor cuando las usamos.

Elige una técnica ahora. Luego, disfruta de los resultados.

# AGRADECIMIENTO.

Muchas gracias por adquirir y leer este libro. Esperamos que hayas encontrado algunas buenas ideas que te sirvan.

Antes de irte, ¿estaría bien si te pedimos un pequeño favor? ¿Tomarías sólo un minuto para dejar una frase o dos como reseña online de este libro? Tu reseña puede ayudar a otros a elegir el siguiente libro para leer. Será de gran ayuda para muchos otros lectores.

Viajo por el mundo más de 240 días al año.
Envíame un correo si quisieras que hiciera
un taller "en vivo" en tu área.

→ BigAlSeminars.com ←

# MÁS LIBROS EN ESPAÑOL
## BigAlBooks.com/Spanish

**Guía de Inicio Rápido para Redes de Mercadeo**
Comienza RÁPIDO, ¡Sin Rechazos!

**Cierres para Redes de Mercadeo**
Cómo Hacer que los Prospectos Crucen la Línea Final

**Los Cuatro Colores de Las Personalidades para MLM**
El Lenguaje Secreto para Redes de Mercadeo

**Cómo Construir Tu Negocio de Redes de Mercadeo en 15 Minutos al Día**

**La Presentación de Un Minuto**
Explica Tu Negocio de Redes de Mercadeo Como un Profesional

### Ventas al por Menor para Redes de Mercadeo
Cómo Conseguir Nuevos Clientes para Tu Negocio en MLM

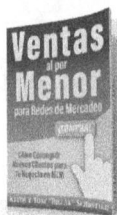

### Motivación. Acción. Resultados.
Cómo Los Líderes En Redes De Mercadeo Mueven A Sus Equipos

### 51 Maneras Y Lugares Para Patrocinar Nuevos Distribuidores
Descubre Prospectos Calificados Para Tu Negocio De Redes De Mercadeo

### Rompe El Hielo
Cómo Hacer Que Tus Prospectos Rueguen Por un Presentación

### ¡Cómo Obtener Seguridad, Confianza, Influencia Y Afinidad Al Instante!
13 Maneras De Crear Mentes Abiertas Hablándole A La Mente Subconsciente

### Primeras Frases Para Redes De Mercadeo
Cómo Rápidamente Poner A Los Prospectos De Tu Lado

144

**La Magia De Hablar En Público**
*Éxito Y Confianza En Los Primeros 20
Segundos*

**MLM de Big Al la Magia de Patrocinar**
*Cómo Construir un Equipo de Redes de
Mercadeo Rápidamente*

**Cómo Prospectar, Vender Y Construir Tu
Negocio De Redes De Mercadeo Con
Historias**

**Cómo Construir LÍDERES En Redes De
Mercadeo Volumen Uno**
*Creación Paso A Paso De Profesionales En MLM*

**Cómo Construir Líderes En Redes De
Mercadeo Volumen Dos**
*Actividades Y Lecciones Para Líderes de MLM*

**Cómo Hacer Seguimiento Con Tus
Prospectos Para Redes De Mercadeo**
*Convierte un "Ahora no" En un "¡Ahora
mismo!"*

# COMENTARIO DEL TRADUCTOR

Ha sido un placer para mí traducir este libro para los lectores en español. *Pre-Cierres*, hace más fácil asociar distribuidores y generar clientes. Me ofrecí para traducir este libro ya que los conceptos aquí mostrados han funcionado tan bien para mí, que deseaba compartirlos con otros.

Todas las ideas y consejos de este libro han sido probados por miles de empresarios de redes de mercadeo alrededor del mundo. Conoce y aplica las mejores técnicas para ayudar a que tus prospectos tomen decisiones definitivas en menos tiempo.

Así que deja atrás la frustración, el rechazo, el miedo, las dudas y la desesperación. Simplemente usa estos métodos para que tu negocio y el de tu organización se mueva hacia adelante, con menos rechazo y más diversión.

Gracias por soltar viejos patrones de pensamiento y creer que hay una nueva manera de construir tu negocio de redes de mercadeo rápidamente, sólo aprende nuevas habilidades para construir un negocio estable, divertido y redituable de la manera correcta.

Deseo grandes cheques para ti y tus socios.

- Alejandro G.

# SOBRE LOS AUTORES

**Keith Schreiter** tiene más de 20 años de experiencia en redes de mercadeo y multinivel. Keith le muestra a los empresarios de redes de mercadeo cómo usar sistemas simples para construir un negocio estable y en expansión.

¿Necesitas más prospectos? ¿Necesitas que tus prospectos se comprometan en lugar de estancarse? ¿Quieres saber cómo enganchar y mantener activo a tu grupo? Si éste es el tipo de habilidades que te gustaría dominar, te encantará su estilo de cómo hacerlo.

Keith imparte conferencias y entrenamientos en Estados Unidos, Canadá y Europa.

**Tom "Big Al" Schreiter** tiene más de 40 años de experiencia en redes de mercadeo y multinivel. Es el autor de la serie original de libros de entrenamiento "Big Al" a finales de la década de los 70s, continúa dando conferencias en más de 80 países sobre cómo usar las palabras exactas y frases para lograr que los prospectos abran su mente y digan "SI".

Su pasión es la comercialización de ideas, campañas de comercialización y cómo hablar a la mente subconsciente con métodos prácticos y simplificados. Siempre está en busca de casos de estudio de campañas de comercialización exitosas para sacar valiosas y útiles lecciones.

Como autor de numerosos audios de entrenamiento, Tom es un orador favorito en convenciones de varias compañías y eventos regionales.